Bien
écrire
son
français

Données de catalogage avant publication (Canada)

Saintonge, Michel, 1947-

  Bien écrire son français

  Publ. en collab. avec: Office de la langue française.

  ISBN 2-89089-969-1

  1. Français (Langue) - Français écrit. 2. Français (Langue) - Composition et exercices. I. Demers, Claude, 1954- . II. Maillet, Normand. III. Québec (Province). Office de la langue française. IV. Titre.

PC2410.S24 1994   448.2   C94-940231-1

LES ÉDITIONS QUEBECOR INC.
7, chemin Bates
Bureau 100
Outremont (Québec)
H2V 1A6
Tél. : (514) 270-1746

© Gouvernement du Québec
© 1994, Les Éditions Quebecor, Michel Saintonge, Claude Demers et
   Normand Maillet
Dépôt légal – Bibliothèque nationale du Québec, 1994
Dépôt légal – Bibliothèque nationale du Canada, 1994
ISBN : 2-89089-969-1

Distribution : Québec Livres

Éditeur : Jacques Simard
Coordonnatrice à la production : Sylvie Archambault
Conception de la page couverture : Bernard Langlois
Correction d'épreuves : Jocelyne Cormier
Composition et montage : Lacroix O'Connor Lacroix inc.

Impression : Imprimerie L'Éclaireur

Michel Saintonge

Claude Demers

Normand Maillet

BIEN ÉCRIRE SON FRANÇAIS

Gouvernement du Québec
**Office de la
langue française**

Remerciements

Nous remercions tous nos collègues de l'Office de la langue française qui nous ont encouragés à entreprendre ce travail.

De façon particulière, nous adressons nos sincères remerciements à Mme Marie-Hélène Gauthier et M. Daniel Moisan qui ont révisé le manuscrit ; à Mme Noëlle Guilloton qui nous a fait part de ses commentaires et suggestions ; à Mmes Carmen Prévost, Nicole Beaulieu, Francine Bouchard et France Royal qui ont patiemment tapé et retapé les textes.

Nous remercions également Mmes Hélène Cajolet-Laganière et Estelle Thibault-Sirois, collaboratrices de la première heure, qui ont rédigé plusieurs textes de ce livre.

Nous tenons enfin à exprimer notre gratitude à M. Jacques Simard, directeur général des Éditions Quebecor, pour son enthousiasme et sa collaboration.

Préface

Communiquer efficacement, c'est-à-dire bien se faire comprendre, suppose la maîtrise des conventions d'écriture et l'acquisition d'un bon vocabulaire. Voilà ce que *Bien écrire son français* nous rappelle.

Les auteurs de ce livre ont fait œuvre utile. Ils mettent en effet à notre disposition un recueil d'articles et d'exercices qui nous incite à revoir notre pratique quotidienne de l'écriture en consultant, au besoin, grammaires et dictionnaires.

La publication et la diffusion de *Bien écrire son français* ont été confiées aux Éditions Quebecor. Cette association prometteuse nous réjouit et témoigne de la volonté commune des Québécois et Québécoises d'implanter le français, de façon réelle et durable, dans tous les secteurs d'activité au Québec.

Le président de l'Office de
la langue française,
Jean-Claude Rondeau

Table des matières

Avant-propos

Ouvrage de vulgarisation, dictionnaire des difficultés de la langue, guide de correspondance, cours autodidactique, *Bien écrire son français* est avant tout la compilation des articles et jeux-exercices parus, entre 1988 et 1993, dans le bulletin *Bloc-notes*, publication trimestrielle de l'Office de la langue française.

Bien écrire son français traite de protocole épistolaire, de difficultés grammaticales courantes, de vocabulaire et de typographie. On y trouve des renseignements sur la consultation du dictionnaire, une liste d'ouvrages de référence importants et des exercices variés. Un prétest et un post-test permettent de vérifier rapidement votre connaissance du contenu dont la présentation selon l'ordre alphabétique – ainsi que l'index – facilite la consultation et l'emploi du livre.

Bien écrire son français s'adresse aux agents et agentes de secrétariat, aux gestionnaires et aux chefs d'entreprise, aux imprimeurs et aux journalistes, aux membres des professions libérales et, bien sûr, aux élèves ainsi qu'aux enseignants et enseignantes.

Il va sans dire que toute personne soucieuse de bien écrire et de s'exprimer clairement pourra en faire son profit.

C'est le vœu que nous formulons.

Les auteurs

I PRÉTEST

I Prétest

A. Indiquez si les énoncés qui suivent sont vrais ou faux.

	Vrai	Faux
1. En français, on ne met ni point ni virgule à la fin des lignes d'une adresse.	☐	☐
2. L'expression **À l'attention de** ne s'abrège pas.	☐	☐
3. **À qui de droit** est une formule d'appel acceptable en français.	☐	☐
4. L'équivalent français de l'abréviation anglaise *c/o* est **a/s de**.	☐	☐
5. Le mot **comté** ne s'emploie plus pour désigner une circonscription électorale fédérale ou provinciale.	☐	☐
6. **Espérant que le tout vous donnera satisfaction, recevez, Monsieur, nos salutations distinguées** est une formule de salutation grammaticalement correcte.	☐	☐
7. Dans une raison sociale, les mentions **inc.**, **enr.** et **ltée** s'écrivent en abrégé et en minuscules.	☐	☐
8. Dans une lettre, la mention **pièce jointe** (p. j.) se place sous **copie conforme** (c. c.).	☐	☐
9. Dans le domaine juridique, **sous toutes réserves** est l'équivalent français de *without prejudice*.	☐	☐
10. **S. O.** et **néant** sont les équivalents français respectifs de *N/A* et *nil*.	☐	☐

B. Inscrivez la lettre qui correspond à la bonne réponse.

1. Nous vous souhaitons la bienvenue _____ et espérons que votre séjour sera des plus _____.

   a) chez-nous   a) agréable
   b) chez nous   b) agréables

2. _____ à tes collègues et _____ ta chef de division.

   a) Parles-en   a) informes
   b) Parle-en   b) informe

3. Il avait inscrit sur une feuille de bloc-notes : _____, _____, _____.

   a) 180 lbs   a) 8 pi. et 6 po.   a) $150,000.75
   b) 180 lb   b) 8 pi et 6 po   b) 150 000,75 $

4. Sa détermination, ainsi que l'appui de ses proches, l'_____ à surmonter l'épreuve.

   a) a aidé
   b) ont aidé

5. N'ayant pas encore _____ _____ actes notariés, je ne pourrai vous répondre cette semaine.

   a) reçu   a) les dits
   b) reçus   b) lesdits

6. Ils ont expédié des fauteuils _____ et des chaises _____.

   a) jaunes clairs   a) orange
   b) jaune clair   b) oranges

7. Ce restaurant est ouvert _____ semaine de _____.

   a) sur   a) 16 h à 1 h 30
   b) en   b) 16 h 00 à 01 h 30

8. L'_____ québécois souhaite une intervention rapide de l'_____ dans ce dossier.

    a) Ouest   a) État
    b) ouest   b) état

9. Les _____ se plaignent de cette politique _____.

    a) non-fumeurs   a) non interventionniste
    b) non fumeurs   b) non-interventionniste

10. Le siège social de notre entreprise est situé au _____ , _____ 87.

    a) 40 Est, rue Belœil   a) bureau
    b) 40, rue Belœil Est   b) suite

C. Corrigez les impropriétés suivantes :

1. Remplir une formule d'*application*.

_____

2. Annuler une commande *back order*.

_____

3. Oublier ses *blancs* de chèque.

_____

4. *Céduler* une réunion.

_____

5. *Charger* 1200 $ d'honoraires.

_____

D. Quel est l'équivalent français de :

1. *burn-out*? _____

2. *to cancel*? _____

3. *Gyproc*? _____

4. *intercom*? _____

5. *past due*? _____

E. Mettez au pluriel les mots suivants :

1. compte rendu _____

2. mètre cube _____

3. offre de service _____

4. personne-ressource _____

5. sans-emploi _____

F. Vérifiez votre vocabulaire.

	Vrai	Faux
1. Les abréviations des mots **avenue** et **boulevard** sont av. et boul.	☐	☐
2. **Encourir** signifie s'exposer à quelque chose de fâcheux.	☐	☐
3. **Graduation** et **collation des grades** sont synonymes.	☐	☐
4. **En rapport avec** signifie au sujet de, à propos de.	☐	☐
5. On ne **rejoint** pas une personne par téléphone, on la **joint** par téléphone.	☐	☐

II À PROPOS DE...

1. La lettre et d'autres imprimés administratifs

2. Difficultés grammaticales et précisions de vocabulaire

3. La consultation du dictionnaire

1. À propos de la lettre et d'autres imprimés administratifs

Adresse

Dans la correspondance administrative et commerciale, l'adresse doit être rédigée de façon claire et soignée. Chaque pays a ses normes ; chaque langue, ses exigences.

Les règles générales qui suivent sont présentées dans *Le français au bureau* de l'Office de la langue française et sont conformes aux normes de la Société canadienne des postes. Elles sont en vigueur dans l'Administration québécoise ainsi que dans la plupart des organismes et entreprises du Québec.

Présentation fautive	Présentation recommandée
– M. Luc Lechat *18 Juge Grandmaison, Suite 32* *Laval, QC* J0B 2B3	– **Monsieur Luc Lechat** **Bureau 32** **18, rue du Juge-Grandmaison** **Laval (Québec) J0B 2B3**
– Animalerie Panda ltée *67 E, blvd Barry* *Sainte-Anne-des-Monts, P.Q.* J0H 3L5	– **Animalerie Panda ltée** **67, boulevard Barry Est** **Sainte-Anne-des-Monts (Québec)** **J0H 3L5**

1. Dans la suscription, la vedette, l'appel et la salutation, les **titres de civilité** s'écrivent en toutes lettres, puisque l'on s'adresse aux personnes elles-mêmes. Dans les autres cas, on utilise généralement les abréviations **M.**, **Mme**, **Mlle**.

2. La mention du bureau ou de l'appartement figure normalement sur la même ligne que le nom de la rue. En cas de manque d'espace, pour que les éléments de l'adresse soient présentés du particulier au général, ligne après ligne, on écrit cette mention sur la ligne qui précède le nom de la rue.

3. On doit toujours inscrire les génériques **boulevard**, **avenue**, **rue**, **place**, **chemin**, etc. Ces mots ne prennent pas de majuscule, à moins que le nom de la voie de communication soit indiqué par un numéro (8, 13e Rue). Signalons que **boul.** (ou **bd**) et **av.** sont les abréviations françaises de boulevard et avenue.

4. Le nom de la voie de communication est toujours précédé d'une virgule (18, rue Côté).

5. Les mentions **est, ouest, nord, sud** suivent le nom de la voie de communication et prennent une majuscule (67, boul. Barry Est).

6. Les abréviations de premier et de première sont **1ᵉʳ** et **1ʳᵉ**. Pour les adjectifs ordinaux se terminant en **-ième**, on abrège par la lettre **e** finale (**2ᵉ, 5ᵉ, 20ᵉ**, etc.).

7. En français, c'est bien le terme **bureau** que l'on utilise et non *suite* ni *chambre*, qui sont des anglicismes dans ce contexte.

8. Les noms de lieux sont des noms propres et ne s'abrègent pas. On conseille d'écrire le nom de la ville, de la province ou du pays en toutes lettres. Le symbole **QC** est réservé à certains usages techniques : formulaires informatisés, tableaux statistiques, plaques d'immatriculation, etc. Toutefois, il est possible de l'utiliser dans une adresse lorsque la place est vraiment limitée (étiquettes, enveloppes à fenêtre, fichiers d'adresses) et qu'il s'agit d'envois massifs ; on ne met pas ce symbole entre parenthèses.

9. Le **code postal** termine la suscription. Il doit être utilisé selon les règles de la Société canadienne des postes et figurer en dernière place, après les mentions de la ville et de la province, de préférence sur la même ligne que celles-ci, et séparé d'elles par un espace équivalant à deux caractères. Si, par manque de place, on ne peut pas écrire le code postal sur la même ligne que la ville et la province, on peut l'écrire seul sur la dernière ligne de l'adresse. (Voir **Enveloppe**)

Adresse sur une seule ligne

Il arrive que, pour des raisons de présentation graphique, des entreprises ou des organismes fassent imprimer, sur leur papier à en-tête, leur adresse sur une seule ligne.

Dans ce cas, on prendra soin de séparer chaque élément par une virgule, sauf avant et après le nom de la province, mis entre parenthèses, celles-ci servant déjà de ponctuation.

– Alpha inc., 140, rue Guy, bureau 22, Laval (Québec) H3V 2G6.

De plus, si l'on désire ajouter les numéros de téléphone, de télécopie et de télex à la suite de l'adresse, on placera alors un point après le code postal et on séparera ces différents éléments par un point-virgule. Enfin, il faut mettre un point à la fin de la ligne, que celle-ci se termine par le code postal, le numéro de téléphone, etc.

– ...H3V 2G6. Téléphone : (514) 322-5674 ; télécopie : (514) 467-8891.

À l'attention de

Dans la très grande majorité des cas, on écrit en premier lieu le nom de la personne à qui la lettre est destinée, puis le nom et l'adresse de l'entreprise ou de l'organisme où cette personne travaille. Ces éléments forment ce que l'on appelle la **vedette**. Toutefois, quand le contenu de la lettre s'adresse à un groupe, mais que l'on veut charger une personne en particulier de transmettre le message au groupe, on peut utiliser la mention **À l'attention de**, suivie du nom de la personne à qui l'on confie cette responsabilité. Cette mention se place à gauche de la lettre, au-dessous de la vedette. Elle est généralement soulignée et s'écrit en toutes lettres. La formule d'appel à employer dans ce cas est **Mesdames, Messieurs**.

Sur l'enveloppe, cette mention se met soit au-dessus de l'adresse, soit à gauche, à condition qu'elle soit séparée de l'adresse par un espace équivalant à au moins seize caractères. Dans ce dernier cas, il est préférable de la souligner.

Appel d'une lettre

Dans la correspondance commerciale, on commence toujours une lettre par une formule de civilité, qui peut varier selon le contenu de la lettre et la fonction qu'occupe la personne à qui l'on écrit. Cette formule permet d'établir le contact avec le ou la destinataire.

Dans la plupart des cas, on utilise comme formule d'appel **Madame** ou **Monsieur**.

Si le ou la destinataire a un titre particulier, on l'ajoute à la formule de civilité (Monsieur le **Directeur**, Madame la **Présidente**). Les titres et fonctions prennent une majuscule parce que l'on s'adresse directement à la personne.

Quand on écrit à une société ou à un organisme sans connaître le nom de la personne qui lira la lettre, on utilise la formule d'appel impersonnelle **Mesdames**, **Messieurs** et non *À qui de droit*. Dans le cas d'une lettre circulaire, on emploie **Mesdames**, **Messieurs** si le texte s'adresse à un groupe, et **Madame, Monsieur** si on ne veut s'adresser qu'à une personne à la fois, sur un ton plus personnel.

Madame, Monsieur ou **Mesdames, Messieurs** sont généralement placés l'un en dessous de l'autre.

Il faut noter que l'on ne fait pas suivre le titre de civilité du nom de la personne à qui l'on écrit (Monsieur *Beaulieu*, Madame *Maltais*). En outre, l'adjectif **cher** n'est utilisé que dans les cas où l'expéditeur connaît bien le destinataire et qu'il entretient avec ce dernier des relations amicales (Cher collègue, Chère amie).

Enfin, l'appel s'inscrit à gauche et est aligné contre la marge ; il est de plus toujours suivi d'une virgule.

Aux soins de...

Dans une entreprise, un organisme, un ministère, etc., l'enveloppe est adressée directement au correspondant ou à la correspondante dont le nom figurera de ce fait en premier lieu.

Dans la correspondance privée, lorsqu'on confie à une autre personne le soin de remettre ou de faire parvenir la lettre au véritable destinataire, on indique sous le nom de ce dernier la mention :

– Aux bons soins de...
– Aux soins de...

L'abréviation conventionnelle de cette formule est **a/s de**...

- Madame Lucille Vallerand
a/s de Monsieur Claude Larocque
710, rue Boulay
Trois-Rivières (Québec) G9A 7W6

On doit noter cependant que cette pratique devient désuète.

Avis de convocation, procès-verbal et compte rendu

L'**avis** ou la **lettre de convocation** doit contenir les renseignements essentiels suivants :

- le lieu, la date et l'heure de la réunion, de l'assemblée ;
- l'objet ou l'ordre du jour.

Le **procès-verbal** rend compte des décisions prises au cours d'une séance et relate l'essentiel des discussions. Document officiel, il est dressé par une personne présente aux séances, normalement le ou la secrétaire. Le procès-verbal est soumis à l'approbation des personnes participantes, signé par le président ou la présidente de la réunion et contresigné par le ou la secrétaire. Les procès-verbaux ainsi authentifiés sont rassemblés dans un registre. Signalons qu'il est incorrect d'utiliser *minutes* au sens de **procès-verbal** et *livre des minutes* au sens de **registre des procès-verbaux**.

Le procès-verbal est titré, et le titre contient tous les éléments qui permettent de situer la séance (contexte, lieu, date et heure). On dresse ensuite la liste des membres présents et, s'il y a lieu, celle des absents et des invités. Suit le résumé des débats, qui respecte l'ordre du jour. Les textes des propositions et des décisions sont reproduits intégralement, et les noms des personnes qui présentent ou appuient les propositions sont donnés. Enfin, si des décisions ont fait l'objet d'un vote, on en indiquera fidèlement le résultat.

Le procès-verbal doit rapporter tous les sujets discutés. Il n'est pas nécessaire de décrire ni de relater le contenu de chaque discussion, mais il convient d'en faire un résumé. Quant aux décisions prises, elles doivent être transcrites le plus fidèlement possible, car dans ce cas, chaque mot peut avoir une importance et un sens particuliers. Le procès-verbal n'exprime pas l'avis du rédacteur ou de la rédactrice et ne lui permet pas de tirer des conclusions personnelles. La rédaction de ce document exige donc le plus grand souci d'exactitude et de précision.

Les principales qualités du procès-verbal sont la clarté, l'objectivité, la brièveté et l'exhaustivité. Il en va de même des phrases. Le texte, pour rester objectif, n'est pas rédigé sous une forme personnelle. On ne doit donc pas utiliser la première personne du singulier ou du pluriel. Pour plus de clarté et de lisibilité, on recourt, de préférence, à une présentation aérée du texte et à une numérotation cohérente des points à l'ordre du jour. Ceux-ci sont titrés de la même manière que dans l'ordre du jour adopté. La mise en évidence des textes des propositions et des décisions est aussi recommandée pour en indiquer l'importance et attirer le regard des lecteurs. Ces textes peuvent ainsi être encadrés, mis en retrait, ou même être présentés en caractères gras.

Quant au **compte rendu**, il a un caractère moins officiel que le procès-verbal. Il est étroitement lié à l'ordre du jour et il peut être plus détaillé. À l'occasion, il prend une extension qui permet de le qualifier de **compte rendu analytique** ou de **compte rendu in extenso**, c'est-à-dire complet, intégral.

Bordereau de transmission

Le **bordereau de transmission** ou **bordereau d'envoi** est un imprimé, habituellement de format réduit, qui accompagne des pièces administratives transmises d'un service à un autre par le courrier interne, par la poste ou par la télécopie.

Outre son titre, le bordereau de transmission comprend les rubriques suivantes :

– destinataire ;
– expéditeur ;
– numéro de téléphone (tél.) ou de télécopie (téléc.) ;
– indications relatives à l'envoi (**prendre note et classer, à votre demande** et non *tel que demandé*, **prendre note et me voir, nombre de pages y compris celle-ci**, etc.) ;
– indications relatives à la réception (**reçu par, date, heure**).

On notera que les mentions *À* et *De* sont déconseillées dans ce contexte et que l'on peut aussi réserver un espace aux **commentaires** divers.

Pour éviter la multiplication des imprimés, bon nombre d'entreprises emploient une formule unique qui sert à la fois de **message téléphonique** et de **bordereau de transmission**. On lui donne alors le titre plus général de **message**.

Divisé en trois parties, le **message** combine les éléments du bordereau de transmission énoncés plus haut et ceux du message téléphonique.

Ainsi, au lieu de **destinataire** et d'**expéditeur**, la partie supérieure du message portera les mentions **pour** et **de la part de**, de même que des précisions relatives au message téléphonique : **prière d'appeler, rappellera, désire vous voir,** etc. La partie centrale de l'imprimé contiendra les diverses indications ou consignes qui s'appliquent à l'envoi de pièces, tandis que la partie inférieure sera consacrée aux mentions concernant la réception du message et aux **commentaires**.

Voici des exemples de bordereau de transmission et de message téléphonique extraits du *Guide d'écriture des imprimés administratifs*, de l'Office de la langue française.

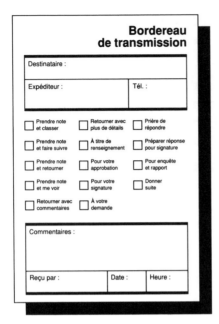

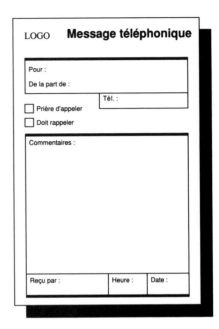

Carte d'invitation

La **carte d'invitation** est une petite carte ou une feuille rigide sur laquelle on prie une ou plusieurs personnes de se rendre ou de se trouver à un endroit, d'assister ou de prendre part à une activité.

La **carte d'invitation** comprend obligatoirement les éléments suivants :

- le nom de l'organisme ou de la personne qui invite,
- le libellé de l'invitation,
- l'activité prévue,
- la date,
- l'heure,
- le lieu.

On pourra, le cas échéant, ajouter des mentions complémentaires pour préciser que l'invitation est strictement personnelle, que la carte doit être présentée à l'entrée, etc. On pourra également mentionner le prix du couvert ou le prix d'entrée, la date avant laquelle les personnes invitées doivent confirmer leur présence, et la tenue appropriée selon les circonstances.

Si l'invitation s'adresse à deux personnes, on inscrira, en bas de la carte : **Cette invitation est valable pour deux personnes**, ou encore **Invitation pour deux personnes**.

Hélène Leblanc,
artiste peintre,

a le plaisir de vous inviter cordialement
au vernissage de ses œuvres,
le samedi 14 décembre 1994,
à la galerie Paul-Vincent,
205, rue Fortin, à Hull.

Un coquetel sera servi entre 15 h 30 et 18 h.

L'exposition se poursuivra jusqu'au 1er janvier 1995.

Cette invitation est valable pour deux personnes.

Carte professionnelle

La **carte professionnelle** est une petite carte sur laquelle on fait imprimer son nom, sa profession et son adresse. La carte professionnelle n'est pas utilisée uniquement dans le milieu des affaires ou des entreprises en général, mais aussi dans l'Administration. Elle se distingue de la **carte de visite**, qui ne contient que des renseignements de nature personnelle. Quant à l'expression *carte d'affaires*, suspecte d'anglicisme, il est préférable de l'éviter.

La **carte professionnelle** comporte obligatoirement les éléments suivants :

- Le nom, l'adresse et le numéro de téléphone du particulier, de l'organisme ou de l'entreprise. On ajoutera, le cas échéant, les numéros de télécopieur, de téléphone cellulaire ou de télex.

- Le prénom, le nom et la fonction de la personne. On se gardera d'abréger les prénoms, simples ou composés, afin d'éviter toute confusion et on reliera les éléments des prénoms composés par un trait d'union ; on fera de même dans le cas des patronymes composés.

Groupe-conseil PC inc.

1040, 5e Avenue
Sherbrooke (Québec)
J1H 4B8
Téléphone : (819) 566-8866
Télécopie : (819) 567-9012
Télex : 640-336   Marie-Pierre Simoneau-Dufresne,
Tél. cell. : (819) 566-4207   directrice des communications

Il est également possible d'ajouter sur la carte professionnelle des précisions concernant l'un ou l'autre aspect de la spécialité de l'entreprise ou de l'organisme. Il n'est pas recommandé toutefois de mentionner les titres universitaires, abrégés ou non.

Louise Marois, ingénieure   Inspection technique
Chef de division   Matériel routier
                        Région de la Mauricie–Bois-Francs

BBM

                        Entreprise BBM enr.
                        14, av. Beaumont
                        Louiseville (Québec) J1H 4B5
                        Tél. : (819) 228-4982

Carte-réponse

La **carte-réponse** est une carte dont le libellé est déjà imprimé et qu'il suffit de remplir pour répondre à une invitation ou à une proposition publicitaire, pour passer une commande ou encore pour demander de la documentation.

Cette carte permet habituellement de répondre sans frais à l'expéditeur ou à l'expéditrice, puisque très souvent elle s'insère dans une **enveloppe-réponse** affranchie.

La **carte-réponse** comporte obligatoirement les éléments suivants :

- la date avant laquelle on doit la retourner ;
- le nombre de personnes présentes (s'il s'agit d'une invitation) ;
- l'article commandé (s'il s'agit d'une commande) ;
- la signature.

Rappelons que, conformément aux règles de féminisation des textes, on évitera d'utiliser les parenthèses, le tiret ou la barre oblique : ce procédé n'est pas conforme à la grammaire française.

On doit généralement écrire en toutes lettres la forme masculine et la forme féminine.

- Je serai présent []   – Je serai absent []
- Je serai présente []   – Je serai absente []

On peut également avoir recours à une formulation neutre ou encore au masculin pluriel.

- J'accepte l'invitation []
- Je dois décliner l'invitation []
- Nous serons présents []
- Nous ne pourrons être présents []

Carte-réponse

Nous serons présents ☐

Nous ne pourrons être présents ☐

Nombre de personnes _____   Paiement ci-joint _____ $

Nom _____

Prière de retourner cette carte-réponse avant le 1er octobre.

Code postal

Le **code postal** termine la suscription. Il doit être utilisé selon les règles de la Société canadienne des postes et figurer en dernière place, après les mentions de la ville et de la province, de préférence sur la même ligne que celles-ci, et séparé d'elles par un espace équivalant à deux caractères. Si, par manque de place, on ne peut pas écrire le code postal sur la même ligne que la ville et la province, on peut l'écrire seul sur la dernière ligne de l'adresse.

Le code, dont les trois lettres s'écrivent en majuscules, ne doit comprendre ni point, ni trait d'union, ni aucun autre signe de ponctuation et il ne doit pas être souligné. Les deux groupes (lettres et chiffres) qui le forment doivent être séparés par un espace équivalant à un caractère. Mentionnons enfin que le code postal doit être inscrit dans un espace de 26 mm (1 po) placé à au moins 19 mm (3/4 po) du bord inférieur de l'enveloppe.

– Sherbrooke (Québec) J1H 4C8

En cas de manque d'espace, on peut inscrire le code postal sur la ligne en dessous du nom de la ville et de la province.

– Cap-de-la-Madeleine (Québec)
G9A 5T4

Compte rendu (Voir Avis de convocation...)

Comté

Le terme **comté** apparaît souvent dans le langage courant avec le sens de **circonscription électorale provinciale** ou de **circonscription électorale fédérale**. Historiquement, les divisions territoriales érigées à des fins de représentation à l'Assemblée législative et à la Chambre des communes étaient connues de façon générique sous le nom de **comtés**. Or ces **comtés** n'existent plus sous ce nom dans le Québec d'aujourd'hui. Il est donc incorrect de remplacer **circonscription électorale provinciale** ou **circonscription électorale fédérale** par *comté*.

Les **municipalités de comté**, ou **comtés municipaux**, qui couvraient le même territoire que les anciens **comtés** (électoraux) ont été, quant à elles, remplacées par un autre type d'entité administrative, les **municipalités régionales de comté** ou MRC, en vertu de la Loi sur l'aménagement et l'urbanisme.

Conclusion d'une lettre

On peut conclure une lettre par l'une des formules suivantes ou des formules analogues.

- Veuillez nous retourner le document après examen.
- Nous vous serions très obligés de nous renvoyer le formulaire d'ici à quinze jours.
- Nous espérons que ces dispositions vous agréeront.
- Nous demeurons à votre disposition pour tout renseignement complémentaire.

Ces phrases sont suivies de la formule de salutation habituelle.

Lorsque la lettre est courte et simple, la formule de salutation peut servir de conclusion et être amenée par l'une ou l'autre des expressions qui suivent.

- Dans l'attente de votre réponse, nous vous prions d'agréer...
- Souhaitant qu'il vous soit possible de donner suite à ma demande, je...
- Dans l'attente d'une réponse favorable, je...
- Vous remerciant du chaleureux accueil que vous nous avez réservé, nous...
- Avec nos remerciements (anticipés), veuillez recevoir...
- Vous remerciant à l'avance, nous...
- Regrettant de ne pas être en mesure de donner suite à votre proposition, nous...
- Espérant que ces renseignements vous seront utiles, nous...
- Nous espérons que ces renseignements vous satisferont et nous...
- Espérant que ces précisions vous donneront toute satisfaction (**et non** *sauront vous satisfaire*; **ni** *sont à votre satisfaction*), nous...

Si par contre il s'agit d'une lettre plus complexe, d'une certaine ampleur, la conclusion peut faire l'objet d'un alinéa à part. On y présente le résumé des arguments invoqués et les décisions qui ont été prises. Éventuellement, on invite le correspondant à passer à l'action.

– À la lumière des faits présentés, nous estimons que...
– Pour les raisons invoquées, nous avons décidé de...

Cette conclusion sera suivie d'une formule de salutation.

Confidentiel (Voir Personnel...)

Copie conforme

Cette mention a pour objet d'informer le ou la destinataire qu'une copie de la lettre a été envoyée à certaines personnes.

La formule **copie conforme**, abrégée en **c. c.**, est suivie du nom des personnes concernées. Elle s'inscrit au-dessous des initiales d'identification et des pièces jointes :

– Copies conformes : Mmes Lise Aubé
                                      Ginette Simard
                         M. Louis Dubuc

– c. c. Mme Jeanne Lefebvre
          M. Pierre Lajoie

Dans certains cas, il peut être pertinent d'ajouter le titre ou la fonction des personnes citées, ou parfois même, le nom de l'organisme ou de l'entreprise.

– c. c. M. Pierre Lavoie, directeur commercial

– Copie conforme : M. Pierre Lavoie
                               Directeur commercial, Bell Canada

N. B. – On peut utiliser l'ordre alphabétique dans l'énumération des personnes à qui l'on fait parvenir une copie de la lettre. En outre, l'abréviation **c.c.** (sans espace) est également acceptable.

Correspondance adressée à un couple

Si la lettre est adressée à un couple, il existe différentes façons de faire ; en voici quelques-unes :

– Monsieur et Madame Paul Meunier
(Formule traditionnelle présentant les nom et prénom du mari seulement)

– Monsieur et Madame Guy et France Morin

– Madame Line Lafleur et Monsieur Sébastien Roy
ou
Monsieur Sébastien Roy et Madame Line Lafleur
(Formules plus actuelles présentant les noms et prénoms de la femme et de l'homme)

– Monsieur le juge et Madame André Leblanc

– Madame la députée Sylvie Audet et Monsieur Serge Lebrun

Dans le cas de patronymes composés, on relie les deux noms par un trait d'union.

– Julie Audet-Lebrun ou Julie Lebrun-Audet

Date

1. Dans la lettre

L'indication de la date est une mention essentielle dans la lettre d'affaires. Elle figure dans l'angle supérieur droit. On inscrit le plus souvent le lieu suivi de la date ou simplement la date si l'en-tête imprimé sur le papier de correspondance fait déjà état du lieu de départ de la lettre.

– Sherbrooke, le 11 avril 1994
– Le 6 avril 1994

Il est à noter que le nom du mois s'écrit en toutes lettres et qu'il ne prend pas la majuscule ; de plus, on ne met pas de point après le millésime.

Dans le corps d'un texte, notamment sur une carte d'invitation, dans un avis de convocation, il arrive que l'on doive indiquer la date précédée du nom du jour de la semaine. Dans ce cas, l'article précède le jour de la semaine.

– La réunion aura lieu le mercredi 4 avril 1994.

On ne met jamais de virgule entre le jour et la date ni entre le mois et l'indication de l'année.

Enfin, dans la rédaction de lettres ou d'autres textes, la date est toujours indiquée sous la forme alphanumérique.

– Le 6 avril 1994 (et non *1994 04 06*)

2. Dans d'autres documents

Dans les documents usuels, l'année et le quantième (le jour) s'écrivent en chiffres arabes.

– Le 10 janvier 1994

Cependant, dans les contrats ou les actes notariés, la date s'écrit en toutes lettres.

– Fait à Baie-Comeau, le vingt-deux du mois de décembre mil neuf cent quatre-vingt-quatorze.

Dans l'indication du quantième du mois, l'emploi de l'adjectif cardinal s'est généralisé, sauf pour l'adjectif ordinal **premier** que l'usage moderne conserve encore.

– Le 1ᵉʳ janvier 1994 (et non *Le 1 janvier 1994*)

Les dates ne s'abrègent que dans des expressions consacrées, notamment lorsqu'on désigne des années historiques ou des périodes dont le siècle est évident.

– La guerre de 14-18
– Dans les années 50

Dans tous les autres cas, on doit écrire la date au long.

– Rapport d'activité 1993-1994 (et non *Rapport d'activité 1993-94* ou *'93-94*)
– Exercice financier 1994 (et non *Exercice financier '94*)

Quant à la **présentation entièrement numérique de la date**, utilisée fréquemment dans les imprimés administratifs, en voici les principales règles.

Les éléments représentant une date doivent être placés, dans quelque langue que ce soit, dans l'ordre suivant : année, mois et jour. L'indication de l'**année** doit comporter quatre chiffres. Toutefois, lorsque l'omission du siècle n'entraîne pas de confusion, elle peut être réduite à deux chiffres. Le **mois** doit être représenté par deux chiffres de 01 à 12 et le **jour**, par deux chiffres de 01 à 31.

Seuls le trait d'union ou un espace peuvent servir de séparateurs entre l'année, le mois et le jour. On peut aussi écrire le tout sans séparateurs.

Ainsi, le 1er juin 1994 s'écrit de l'une des manières suivantes :

– 1994-06-01 ou 94-06-01 ;
– 1994 06 01 ou 94 06 01 ;
– 19940601 ou 940601 ;
  et non
– *1994/06/01* ni *94/06/01*.

Enveloppe

RECOMMANDÉ

CONFIDENTIEL

Madame Denise Claude-Richard
a/s de Monsieur Roger Huot
6069, montée Saint-Benoît
Ascot Corner (Québec) J1H 3P2

Imprimés administratifs

Les imprimés administratifs (bon de commande, reçu, facture, etc.) sont des outils de gestion indispensables pour tout genre d'organisme ou d'entreprise. Ils ont pour fonction, d'une part, de faire le lien entre les divers services et, d'autre part, d'enregistrer, en vue de leur conservation, tous les renseignements utiles au bon fonctionnement de l'organisme ou de l'entreprise. Les imprimés jouent également un rôle important auprès du public, car ils constituent souvent pour celui-ci ses seuls liens avec l'organisme ou l'entreprise. Il importe donc qu'ils soient conçus et présentés avec le plus grand soin. Pour ce faire, on prêtera une attention toute particulière à la structure, à l'uniformité, au vocabulaire et à la syntaxe.

La **structure** est la façon dont on dispose les principaux éléments, notamment les indications générales (raison sociale, titre, numéro de référence, etc.), les diverses rubriques et les instructions relatives au mode d'emploi. Une bonne structure donnera un imprimé clair, concis, dans lequel les renseignements sont faciles à repérer.

L'**uniformité** vise à présenter de manière constante les diverses rubriques dans un même imprimé ou une série d'imprimés du même type. On surveillera donc particulièrement la régularité dans l'utilisation des majuscules, des caractères typographiques (gras, italiques, etc.), de la ponctuation, du singulier ou du pluriel et de l'infinitif ou de l'impératif. Le fait de placer tous les renseignements de même nature au même endroit, selon les mêmes règles et les mêmes conventions, facilite grandement le travail des utilisateurs et utilisatrices de l'imprimé.

Quant au **vocabulaire**, est-il besoin d'insister sur l'importance de choisir les mots justes, de respecter l'orthographe et d'utiliser la terminologie française, pour se faire comprendre et communiquer efficacement?

Dans la préparation de tout formulaire, il faut toujours respecter la **syntaxe** française en s'efforçant d'employer des phrases courtes mais complètes, à structure simple, qui seront comprises et retenues par tous les usagers et toutes les usagères. On veillera surtout à éviter les tournures abrégées ou les phrases elliptiques qui sont trop souvent incorrectes ou ambiguës.

Initiales d'identification

En règle générale, on place à la fin de la lettre les initiales d'identification, c'est-à-dire les initiales du prénom et du nom de la personne qui a rédigé la lettre et celles du prénom et du nom de la personne qui l'a dactylographiée.

Les initiales se mettent contre la marge de gauche, au bas de la page, sur la même ligne que la signature dactylographiée.

Les initiales du rédacteur ou de la rédactrice, généralement le ou la signataire, sont indiquées par convention en lettres majuscules et celles du ou de la secrétaire, en lettres minuscules, les deux groupes d'initiales étant séparés par un trait oblique.

- RP/cl (Réjean Provost et Carmen LeBeau)
- LCL/cdt (Lise Côté-Leduc et Carmen Deschamps-Tremblay)
- PSL/amm (Paul Saint-Laurent et Anne-Marie Mac Donald)
- PL/sm (Paule de Loyola et Simon McGill)

Si la lettre a deux signataires, ou si elle a été rédigée par une personne autre que le ou la signataire, on peut inscrire les initiales de chaque personne.

- PT/HCL/cc

Enfin, lorsque la personne qui a dactylographié la lettre en est aussi la signataire, elle peut indiquer ses initiales d'abord en majuscules puis en minuscules, ou les omettre, tout simplement.

- CP/cp

Introduction d'une lettre

Il existe diverses façons d'entrer en contact avec le ou la destinataire de la lettre. Voici une liste des formules les plus usuelles :

- Nous accusons réception de...
- Nous avons le regret de vous informer que...
- À votre demande, nous vous faisons parvenir...
- Vous trouverez ci-inclus, ci-annexé, ci-joint...
- Veuillez trouver ci-inclus, ci-annexé, ci-joint...
- Nous désirons vous informer de...
- Nous désirons vous informer que...

– En réponse à...
– Nous avons pris connaissance de...
– Nous vous remercions de...
– Nous avons (bien) reçu...

Malheureusement, des erreurs se glissent parfois dans l'une ou l'autre de ces formules. Nous les portons à votre attention.

1. *Il me fait plaisir de...* ou *Il nous fait plaisir de...*

Il s'agit là d'une impropriété. En effet, il n'existe pas, en français, d'expressions construites sous la forme impersonnelle *il me fait* jointe à un nom. On ne dit pas : *il me fait peur de...*, *il me fait horreur de...*, *il me fait hâte de...*, etc. On dit plutôt : j'ai peur de..., j'ai horreur de..., j'ai hâte de..., etc. De la même manière, on remplacera *il nous fait plaisir de...* par :

– Nous avons le plaisir de...
– Nous sommes heureux de...
– C'est avec plaisir que nous...
– Nous nous faisons (ferons) un plaisir de..., etc.

2. *Les présentes sont pour...*

L'expression *les présentes* est archaïque et donc à éviter. Aujourd'hui, on emploie plutôt la forme au singulier **la présente** ou, mieux encore, **la présente lettre**.

Mais dans tous les cas, on évitera la tournure suivante :

– La présente lettre *est pour* vous informer...

On écrira plutôt :

– La présente lettre a pour but (objectif) de...
– Par la présente, nous...

3. *Suite à...*

L'emploi de cette expression est très souvent critiqué. Aussi est-il préférable de la remplacer, selon le contexte, par :

– Comme suite à...
– À la suite de...
– Pour faire suite à...

4. *Je vous serais gré...* ou *Nous vous serions gré...*

Il s'agit du verbe **savoir** et non du verbe **être**. On dit par conséquent :

– Je vous saurais gré de me faire parvenir...
– Nous vous saurions gré de bien vouloir...

Lettre modèle

Ville de Saint-Normand-de-la-Pérade
2665, 14ᵉ Rue, 3ᵉ étage
Saint-Normand-de-la-Pérade (Québec)
H7M 3P3

<u>CONFIDENTIEL</u>   Le 1ᵉʳ janvier 2000

Madame Reine Ponceau
Direction des travaux publics
Ministère des Ressources humaines
444, rue Babar, bureau 12
Saint-Michel (Québec) G5C 1K0

Madame,

En réponse à votre lettre du 13 décembre 1999, nous sommes très heureux de vous communiquer les renseignements demandés.

Mᵐᵉ Étiennette Épinoche travaille au Service du personnel depuis près de dix ans. Engagée comme dactylo, puis promue secrétaire de direction, elle s'est acquis l'estime de tous ses collègues et de tous ses supérieurs. Son efficacité, sa sociabilité et son excellent jugement en font une collaboratrice hors pair.

Tout au cours de ces années, Mᵐᵉ Épinoche nous a donné entière satisfaction, et nous n'hésitons pas à vous la recommander pour le poste qu'elle sollicite dans votre ministère.

Recevez, Madame, l'expression de nos sentiments distingués.

Le directeur du personnel,

Jean Léchelle

Jean Léchelle

JL/dm

p. j. 3 fiches d'évaluation

c. c. M. Jean Barreau

Lettre à destination de l'étranger

Les divers éléments qui composent l'adresse d'une lettre destinée à l'étranger doivent être reproduits dans la langue du pays de destination et selon les usages en cours. On recommande toutefois d'inscrire le nom du pays dans la langue du pays de départ afin de permettre au personnel des services postaux d'expédier rapidement le courrier.

Rappelons que l'adresse de l'expéditeur ou de l'expéditrice doit s'écrire selon les règles de la langue du pays de celui-ci ou celle-ci.

Frédéric Prévost inc.
1335, chemin de la Rivière
Le Bic (Québec) G5L 3B8

Herr Werner Remberg
Heinestrasse 38
A-1020 Wien
AUTRICHE

Lettre de recommandation

Il faut éviter de confondre lettre de recommandation et références.

La **lettre de recommandation** est un écrit destiné à mettre en valeur les qualités d'une personne que l'on recommande à l'attention bienveillante du ou de la destinataire.

Les **références** sont des attestations de personnes auxquelles on peut s'en rapporter pour avoir des renseignements sur quelqu'un qui cherche un emploi, propose une affaire, etc.

Quant à l'expression *lettre de référence*, il s'agit d'une forme impropre que l'on doit éviter.

Note et note de service

Dans les entreprises et les organismes, la note est un type de communication interne très courante. Elle permet de transmettre rapidement aux membres du personnel divers renseignements, ordres, directives, etc.

La **note** s'adresse à des supérieurs ou à des égaux ; la **note de service** est destinée à des subordonnés.

Les éléments essentiels qui la composent sont :

– la mention du, de la, ou des destinataires,
– la mention de l'expéditeur ou de l'expéditrice,
– l'indication de la date,
– l'objet de la note,
– le texte de la communication,
– la signature ou le parafe de l'expéditeur ou de l'expéditrice.

Au besoin, la note pourra également comporter certaines mentions telles que : V/Réf., Faire circuler, p. j., c. c., etc.

Il convient de rappeler que :

a) *Mémo* est une impropriété au sens de note ou de note de service. **Mémo** est l'abréviation familière de **mémorandum**, c'est-à-dire une petite note que l'on prend pour soi-même d'une chose que l'on ne veut pas oublier.

b) *À* et *DE* sont calqués sur les mots anglais *to* et *from* et doivent être remplacés par **Destinataire** et **Expéditeur** ou **Expéditrice**.

Objet

Dans une lettre (ou dans une note), on utilise la mention **Objet** pour signaler brièvement de quoi on va entretenir son correspondant ou sa correspondante. Cette mention est facultative, mais elle facilite la compréhension du message et le classement. On l'écrit au centre de la page, sous la vedette et les références, mais au-dessus de l'appel. **Objet**, toujours au singulier, est suivi d'un deux-points et d'une formulation qui commence par une majuscule. L'ensemble est souligné ou en caractères gras.

Le caractère gras est particulièrement indiqué dans le cas où l'objet occupe plus d'une ligne, ce qui devrait être l'exception.

– Objet : Transfert du bureau de poste

– **Objet : Sélection du prochain directeur des loisirs et embauche d'une secrétaire de direction**

Les mentions *RE*, *sujet* et *concerne* sont à éviter.

Il ne faut pas confondre l'objet d'une lettre et le numéro de dossier ; celui-ci figure dans la mention des références. Par ailleurs, il faut éviter de mettre seulement le nom d'une personne en objet.

– Objet : Nomination de M. Gilles Chassé
et non
– Objet : *M. Gilles Chassé*

Par messagerie et Par télécopie

Dans une lettre, les mentions d'acheminement PAR MESSAGERIE, PAR TÉLÉCOPIE s'écrivent contre la marge de gauche vis-à-vis des indications de lieu et de date, sous les mentions de caractère (RECOMMANDÉ, CONFIDENTIEL et PERSONNEL), s'il y a lieu. Elles sont en lettres majuscules et soulignées.

On indique PAR TÉLÉCOPIE lorsque la lettre est transmise uniquement par ce moyen de communication.

PAR MESSAGERIE s'inscrit aussi sur l'enveloppe, en majuscules, en bas et à gauche de l'adresse, mais plus haut que le code postal.

Personnel et Confidentiel

Les mentions PERSONNEL et CONFIDENTIEL ne sont pas interchangeables et sont rarement employées simultanément. On inscrira sur l'enveloppe et sur la lettre la mention PERSONNEL pour signifier que le document doit être remis au ou à la destinataire en personne, sans avoir été ouvert. Quant à la mention CONFIDENTIEL, on l'utilise pour informer les personnes qui s'occupent du courrier et le ou la destinataire que le contenu de la lettre ou du document doit rester secret.

Ces mentions se mettent à gauche de la page, vis-à-vis des mentions de lieu et de date. Sur l'enveloppe, elles sont inscrites en bas et à gauche, mais plus haut que le code postal. Elles sont au masculin, en lettres majuscules et soulignées.

Pièces jointes

Les pièces jointes sont des documents (factures, curriculum vitæ, relevés de notes, procès-verbaux, etc.) que l'on ajoute à une lettre. Le cas échéant, il faut inscrire au bas de la page, sous les initiales d'identification, la mention **Pièce jointe**, **Pièces jointes**, ou en abrégé **p. j.**, puis énumérer ces pièces ou simplement indiquer le nombre de documents annexés (si ceux-ci ont déjà été précisés dans le texte). Il est à noter que cette mention, qui permet de vérifier rapidement si l'envoi est complet, doit toujours être suivie du nombre ou de la désignation des documents annexés.

– p. j. Curriculum vitæ
– p. j. 2 relevés de notes
        1 curriculum vitæ
– p. j. (7)
– Pièce jointe : Curriculum vitæ
– Pièces jointes : Lettre de recommandation
                   Curriculum vitæ

N. B. – L'abréviation **p.j.** (sans espace) est également acceptable.

Prière de faire suivre

Lorsqu'on présume que le ou la destinataire d'un envoi a changé de domicile et que l'on ignore sa nouvelle adresse, on indique sur la partie gauche de l'enveloppe la mention, soulignée de préférence, **Prière de faire suivre**.

– <u>Prière de faire suivre</u>	Monsieur Jacques Fortin 70, rue Leroy Nicolet (Québec) G6B 4R3

Procès-verbal (Voir Avis de convocation...)

QC

Les noms de lieux sont des noms propres et ne s'abrègent pas. On conseille d'écrire le nom de la ville, de la province ou du pays en toutes lettres. Le symbole **QC** est réservé à certains usages techniques : formulaires informatisés, tableaux statistiques, plaques d'immatriculation, etc. Toutefois, il est possible de l'utiliser dans une adresse lorsque la place est vraiment limitée (étiquettes, enveloppes à fenêtre, fichiers d'adresses) et qu'il s'agit d'envois massifs ; on ne met pas ce symbole entre parenthèses.

Références

Les références sont des indications essentielles pour le classement et la consultation du courrier.

À la différence de la mention **Objet**, qui présente en quelques mots le contenu de la note ou de la lettre, les références sont généralement un groupe de lettres ou de chiffres.

Parmi les mentions les plus usuelles, citons :

- **Votre référence,** que l'on peut abréger en **V/Référence, V/Réf.** ou **V/R.** Ce code reprend habituellement celui du dossier où la lettre sera classée à la réception.

- **Notre référence (N/Référence, N/Réf.** ou **N/R)**, qui indique le numéro de dossier de l'expéditeur ou de l'expéditrice.

- **Votre lettre du...** **(V/lettre du...)**, qui renvoie à la date de la lettre à laquelle on donne suite.

Ces mentions se mettent contre la marge de gauche, quelques interlignes au-dessous de la vedette.

- Votre référence : CLF3006
- N/R : Dossier 01-1416
- V/Réf. : AB/75/122
- V/lettre du 15 décembre 1994

Salutation dans une lettre

Dans une lettre, l'appel est la formule de civilité qui permet d'établir le contact avec le ou la destinataire, alors que la salutation permet de terminer la lettre d'une façon courtoise. On reprend donc dans la salutation la même formule que celle que l'on a utilisée dans l'appel.

La salutation peut être très courte ou, au contraire, plus élaborée afin de s'adapter au contenu de la lettre, à la fonction qu'occupe la personne avec qui l'on correspond ou à la nature des relations qu'entretient le rédacteur ou la rédactrice avec cette personne.

Pour les lettres d'affaires courantes, on utilise fréquemment les formules : **Recevez, Monsieur, l'expression (l'assurance) de mes sentiments distingués** ou encore **Agréez, Madame, mes salutations amicales**.

La formule de salutation peut prendre encore plus d'ampleur lorsque le ou la destinataire occupe une fonction particulière ou un poste d'autorité : **Nous vous prions d'agréer, Monsieur le Ministre, l'assurance de notre considération (la plus) distinguée.**

Deux éléments sont à retenir. D'une part, lorsqu'on formule une salutation, le mot **sentiments** se compose avec **l'expression de...**, **l'assurance de...**, alors que le mot **salutations** est en principe introduit directement par une forme verbale :

– Veuillez recevoir, Madame, l'expression (l'assurance) de nos sentiments distingués.

– Veuillez recevoir, Monsieur, nos salutations distinguées.

D'autre part, il faut se rappeler que si l'on commence la formule de salutation par un participe présent, le verbe de la proposition principale doit nécessairement être à la première personne du singulier ou du pluriel :

– (En) espérant que le tout vous donnera satisfaction, je vous prie (nous vous prions) de recevoir, Monsieur,...
et non
– (En) espérant que le tout vous donnera satisfaction, *veuillez* recevoir, Monsieur,...

Enfin, dans le cas des lettres à caractère personnel, on peut employer une formule brève telle que : **Amicalement, Cordialement, Meilleurs souvenirs, Affectueux souvenirs, Salutations distinguées**. Les expressions *Sincèrement vôtre* et *Cordialement vôtre* sont calquées sur l'anglais et sont par conséquent à rejeter.

Signature

Dans une lettre administrative ou commerciale, la signature se met à droite, quelques lignes plus bas que la salutation, alignée avec la mention de lieu et de date. Le nom est tapé au-dessous de la signature manuscrite.

Julie Vincent,
agente d'information

Si le ou la signataire occupe une fonction particulière (un poste de direction, par exemple), celle-ci, précédée de l'article défini, est indiquée au-dessus de la signature.

– La vice-présidente aux finances,

Louise Lesieur

Dans le cas où plusieurs titulaires occupent une fonction identique, celle-ci est indiquée après la signature.

Pierrette Lemay, agronome

(signature manuscrite : Pierrette Lemay)

Pierrette Lemay,
agronome

Dans les exemples précédents et suivants, on remarquera que les titres et les fonctions sont en minuscules. Quand il est nécessaire de le faire, on ajoute à la signature la mention de la profession ou de l'appartenance à un ordre professionnel. Dans ce cas, on inscrit cette mention en toutes lettres ou on l'abrège.

– La directrice de la recherche,

(signature manuscrite : Lucille Vallières)

Lucille Vallières, cardiologue

– Le vérificateur,

(signature manuscrite : Michel Beaulieu)

Michel Beaulieu, ing.

Cet usage doit cependant être réservé aux communications dans lesquelles une telle mention est justifiée par des raisons administratives.

Il peut arriver qu'une personne soit autorisée par une autorité supérieure à signer en son nom. Dans ce cas, elle doit écrire **pour** devant la mention de la fonction ou du titre de cette autorité.

– Pour la mairesse,

(signature manuscrite : Pierre Hamelin)

Pierre Hamelin,
secrétaire

Si le ou la signataire agit officiellement au nom et à la place de l'autorité qui adresse la communication, la signature sera précédée de la mention **par procuration**, abrégée en **p. p.** (ou **p.p.**).

– La greffière,

p. p. *Jacques Villemure*

Jacques Villemure

– p. p. La directrice générale,

Pierrette Richer

Pierrette Richer

Quand il est pertinent de le faire, on peut mentionner le titre du ou de la signataire ainsi que le nom de l'autorité qui a délégué le pouvoir de signer.

– Pour la régisseuse, Lucie Perron

Andrée Carpentier

Andrée Carpentier,
secrétaire de direction

Enfin, lorsqu'une lettre comporte plus d'une signature, on les dispose l'une à côté de l'autre en plaçant à droite la signature de la personne qui détient le plus haut niveau d'autorité.

–   Le directeur technique,

Yves Lemire   *Jean-Pierre Doucet*

Yves Lemire,   Jean-Pierre Doucet
technicien

Si les signataires sont à un même niveau hiérarchique, on placera les signatures l'une en dessous de l'autre, par ordre alphabétique.

Sous toutes réserves

Dans le domaine juridique, une déclaration faite **sous toutes réserves** ne peut être utilisée comme preuve ni constituer un aveu. De même, une lettre portant la mention **SOUS TOUTES RÉSERVES** ou **SOUS RÉSERVE DE TOUS DROITS** ne peut être interprétée comme une reconnaissance pouvant causer préjudice à son signataire. Placée à gauche, en haut de la lettre, l'une ou l'autre de ces mentions s'écrit en lettres majuscules. On se gardera d'employer l'expression *sans préjudice*, calque de l'anglais *without prejudice*.

2. À propos de difficultés grammaticales et de précisions de vocabulaire

Abréviation

Même s'il est recommandé d'abréger le moins possible afin de ne pas nuire à la clarté du texte, il existe plusieurs cas où l'on peut utiliser une forme d'abréviation quelconque.

Parmi les divers types d'abréviations, il y a d'abord les **abréviations dites conventionnelles**, que l'on trouve sous forme de listes dans divers ouvrages de référence (Mme, M^e^, ltée). Il est à noter que les abréviations qui ne comportent pas la dernière lettre du mot prennent le point abréviatif (M., MM.).

D'autre part, il arrive que, à l'intérieur d'un texte, l'on doive abréger certains mots. On suit dans ce cas les règles normales de l'abréviation : on garde suffisamment du radical du mot afin de pouvoir reconnaître celui-ci ; on coupe le mot après une consonne, avant une voyelle et on met un point abréviatif. Ces mots abrégés ne prennent pas la marque du pluriel (adm. pour administration, prép. pour préposition).

En troisième lieu, il existe un certain nombre de **symboles** tirés du Système international d'unités (SI) ou d'un autre système. Les symboles ne prennent jamais de point abréviatif ni la marque du pluriel (h, km, pi, lb).

Les textes contemporains font usage de beaucoup de **sigles** et d'**acronymes**, c'est-à-dire d'abréviations formées à partir des premières lettres des mots de l'appellation, écrites en majuscules (HLM, CHUL). (Voir **Symbole du dollar**)

Voici une liste d'abréviations usuelles et de symboles.

a	année
ac.	acompte
adr.	adresse
A. P.	avis de paiement
app.	appartement
art.	article
a/s de	aux (bons) soins de

ass.-chôm.	assurance-chômage
av.	avenue
boul. ou bd	boulevard
b^{reau}	bordereau
bull.	bulletin
¢	cent (monnaie)
©	tous droits réservés
°C	degré Celsius
CA ou c. a.	comptable agréé
C. A.	conseil d'administration
c.-à-d.	c'est-à-dire
c. c. ou c.c.	copie conforme
ch.	chemin
chap.	chapitre
cm	centimètre
cm^2	centimètre carré
comm. ou c^{de}	commande
C. P.	case postale
d ou j.	jour
dest.	destinataire
2^e	deuxième
2^{es}	deuxièmes
#	dièse ou carré
D^r	docteur
D^{re}	docteure
D^{res}	docteures
D^{rs}	docteurs
dz	douzaine
enr.	enregistrée (dans une raison sociale)
&	esperluette (ou perluète)
etc.	*et cetera* ou *et cætera*
É.-U. ou USA	États-Unis d'Amérique
ex.	exemple
exp.	expéditeur
fact.	facture
F. S.	faire suivre
g	gramme
h	heure

inc.	incorporée (dans une raison sociale)
j. ou d	jour
kg	kilogramme
l ou L	litre
lb	livre, livres
ltée	limitée (dans une raison sociale)
m	mètre
m^2	mètre carré
M.	monsieur
M^e	maître
M^{es}	maîtres
Mgr ou Mgr	monseigneur
min	minute
Mlle ou Mlle	mademoiselle
Mlles ou Mlles	mesdemoiselles
MM.	messieurs
Mme ou Mme	madame
Mmes ou Mmes	mesdames
N. B.	*nota bene*
n^{bre} ou nb	nombre
n^o	numéro
n^{os}	numéros
N/Réf. ou N/R	notre référence
oz	once
p.	page, pages
p. cent, p. 100 ou %	pour cent
P.-D. G. ou p.-d. g.	président-directeur général
pi	pied
pi^2	pied carré
p. j. ou p.j.	pièce jointe
po	pouce
po^2	pouce carré
p. p. ou p.p.	par procuration
P. P.	port payé
P^r	professeur
P^{re}	professeure
1er	premier
1ers	premiers

1re	première
1res	premières
P.-S.	*post-scriptum*
P. V.	prix de vente
P.-V.	procès-verbal
qq.	quelque
qqch.	quelque chose
qqf.	quelquefois
qqn	quelqu'un
quant. ou qté	quantité
r.	reçu
R.	recommandé
R. R.	route rurale
RSVP	Répondez, s'il vous plaît
s	seconde
S. F. ou s. f.	sans frais
S. O. ou s. o.	sans objet
SVP ou svp	s'il vous plaît
t	tonne
t.	tome
TPS	taxe sur les produits et services
TVQ	taxe sur les ventes du Québec
tél.	téléphone
tél. cell.	téléphone cellulaire
téléc.	télécopie, télécopieur
V/Réf. ou V/R	votre référence

Accord du verbe avec ainsi que, aussi bien que, de même que, en collaboration avec

On s'interroge parfois sur l'accord du verbe lorsque les locutions conjonctives **ainsi que** ou **aussi bien que** unissent deux sujets ou deux membres de phrase.

On fera l'accord avec le premier nom lorsqu'il s'agit d'une comparaison. Dans ce cas, le groupe formé par la conjonction et le nom qui la suit sera placé entre deux virgules.

— Votre récent projet, ainsi que celui que vous nous avez présenté l'an dernier, a suscité beaucoup d'intérêt.
(Le verbe se met au singulier.)

On fera toutefois l'accord avec les deux noms lorsque **ainsi que** ou **aussi bien que** ont le sens de **et**. Il n'y a alors aucune ponctuation.

— Votre demande d'emploi ainsi que votre curriculum vitæ devront nous parvenir d'ici deux semaines.
(Le verbe s'accorde avec les deux sujets.)

On traitera de la même façon la locution **de même que**, quoique celle-ci indique le plus souvent la comparaison.

Pour ce qui est de la locution **en collaboration avec,** l'accord se fait toujours avec le premier terme; en principe, l'expression qu'elle introduit est placée entre deux virgules. Il en va de même pour la locution **de concert avec**.

— L'Office de la langue française, en collaboration avec le ministère de l'Éducation, vous invite à participer à ce colloque.

Accord du verbe avec un sujet collectif

On hésite souvent quant à l'accord du verbe dont le sujet est un **collectif**. Par exemple, comment doit-on accorder le verbe dans les phrases suivantes :

— Une trentaine de membres s'est présentée ou se sont présentés ?
— La foule des curieux s'est dispersée ou se sont dispersés ?

Dans ce cas, on peut appliquer la règle suivante.

Si le sujet collectif est précédé d'un article défini (le, la, les), d'un démonstratif (ce, cet, cette, ces) ou d'un possessif (son, sa, ses, etc.), on fait l'accord avec le nom collectif; donc le verbe reste au singulier.

— La foule des curieux s'est dispersée.
— Cette file de voitures avançait lentement.
— Sa troupe de fidèles est nombreuse.

Toutefois, si le sujet collectif est précédé d'un article indéfini (un, une, des), on peut faire l'accord soit avec le sujet collectif, soit avec le complément, selon le sens que l'on veut donner à la phrase.

- Une foule de curieux s'est dispersée ou se sont dispersés.
- Un grand nombre de personnes a applaudi ou ont applaudi.
- Une trentaine de membres s'est présentée ou se sont présentés.

Mentionnons enfin qu'avec les collectifs **la plupart**, **beaucoup**, **trop**, **peu**, **quantité de**, **nombre de**, le verbe se met généralement au pluriel.

- La plupart des invités sont repartis.
- Beaucoup de gens ont été invités.

Accord du verbe avec un sujet exprimant un pourcentage, une fraction

Le verbe, le participe et l'adjectif qui suivent une **indication de pourcentage** s'accordent soit avec celle-ci, soit avec le complément, bien que l'accord avec ce dernier soit le plus fréquent.

- On admet que 20 % de la population est démunie financièrement.
- Finalement, 70 % des candidates inscrites à ce concours ont été convoquées à une entrevue.

Cependant, si l'expression du pourcentage est précédée d'un déterminant (article, adjectif possessif, etc.), le verbe se met obligatoirement au pluriel et l'adjectif ou le participe, au masculin pluriel.

- Ce message s'adresse aux 12 % de la population qui ont voté pour le Parti vert.
- Ces 10 % de notre effectif sont composés de travailleuses et travailleurs non syndiqués.

Lorsque le verbe a pour sujet une **fraction** au singulier, l'accord se fait soit avec la fraction, soit avec le complément de cette dernière. Si la fraction est au pluriel, le verbe s'accorde le plus souvent avec elle.

– Le quart des actionnaires a refusé.

– La moitié de mes amies croient que l'indépendance du Québec se réalisera avant cinq ans.

– Les deux tiers du personnel sont touchés par cette mise à pied.

Accord du verbe, du participe passé ou de l'adjectif avec les raisons sociales

Dans un texte, on doit faire accorder les verbes, participes passés et adjectifs qui se rapportent aux raisons sociales, noms d'organismes et de sociétés. Plusieurs cas peuvent se présenter.

1. Si la raison sociale n'est formée que d'un spécifique, l'accord peut se faire avec le premier mot, s'il s'agit d'un nom commun, ou avec le mot société sous-entendu.

   – Air Canada est ouvert... (accord le plus usuel) ou est ouverte... (sous-entendu société)
   – Hydro-Québec est intervenue... (sous-entendu société)

2. Mais si une raison sociale de ce type comporte un article, on fera l'accord en conséquence.

   – Les Affaires ont publié...
   – La Capitale sera représentée par...

3. Au début d'une phrase, dans le cas où la raison sociale est formée d'un générique non précédé d'un article, ainsi que d'un spécifique, il est recommandé d'ajouter un article (singulier ou pluriel) devant celle-ci et de faire l'accord approprié.

   – Les Chaussures Unico se sont associées...
   – L'Atelier de nettoyage Sinet augmentera...

   À l'intérieur de la phrase, l'article se contracte selon les règles usuelles du français, qu'il fasse ou non partie de la raison sociale.

   – Le président du Groupe SNC... (Non pas *de le* Groupe SNC)
   – Retournez le coupon aux Éditions Quebecor. (Non pas *à les* Éditions Quebecor)

– Le directeur commercial des Aliments Excelco... (Non pas *de les* Aliments Excelco)

4. Dans le cas où la raison sociale est composée de noms d'associés, l'accord se fait au pluriel.

– Raymond, Chabot, Martin, Paré & Associés ont obtenu...
– Lemieux & Filles nous informent...

Si l'on préfère ne pas utiliser le pluriel, on fera précéder la raison sociale au pluriel du terme générique approprié, écrit en minuscules. La raison sociale est alors en apposition ou liée par la préposition **de**.

– La maison d'édition Publications Beauséjour a acquis...
– Le journal Les Affaires rapporte en primeur...
– La société des Chaussures Unico a bénéficié...

5. Lorsqu'une raison sociale ne se compose que d'un spécifique commençant par un article contracté, une préposition ou une locution prépositive, il est conseillé de faire l'accord en ayant en tête le générique approprié, sous-entendu. Notons qu'il est préférable, voire indispensable dans certains cas, de faire précéder la raison sociale du générique en question.

– La boutique **Aux** mille trouvailles est fermée depuis...
– Le restaurant **Chez** Pierrette est réputé pour...
– Je fais mon marché à l'épicerie **À** la bonne franquette.

A commercial (@) (Voir Esperluette...)

Adjectif de couleur

Comment doit-on accorder :

– Des drapeaux bleu, blanc, rouge ?
– Des chemises vert pomme ?
– Des yeux marron ?

On peut appliquer les principes suivants.

Les adjectifs simples exprimant la couleur s'accordent en genre et en nombre avec le mot auquel ils se rapportent.

– Des blouses jaunes
– Des autos bleues
– Des nappes de couleur blanche

Au contraire, on laissera invariable l'adjectif de couleur lorsque celui-ci est composé de plusieurs mots se rapportant à un même objet.

– Des drapeaux bleu, blanc, rouge
– Des chemises vert pomme
– Des autos bleu marine
– Des nappes de couleur blanc neige

On laissera également invariables les adjectifs de couleur qui sont des noms pris adjectivement.

– Des chemises marron
– Des cheveux poivre et sel
– Des yeux noisette

Adjectif verbal (Voir Participe présent...)

Ainsi que (Voir Accord du verbe...)

Amener, apporter, emmener et emporter

On amène ou on emmène une **personne**, on apporte ou on emporte une **chose**. De plus, amener et apporter évoquent l'idée d'**arrivée**, emmener et emporter, celle de **départ**.

– Ce soir, je vais amener un ami à la maison.
  (Je vais arriver, rentrer en sa compagnie.)

– Nous as-tu apporté une surprise ? Oui, la voici.
  (J'arrive avec...)

– Emmenez-les loin d'ici.
  (Partez et conduisez-les loin d'ici.)

– Un conseil : emportez peu de bagages.
  (Partez en ne prenant que peu de bagages.)

Rappelons également que l'on **porte** ses vêtements chez le nettoyeur, que l'on **mène** ou que l'on **conduit** son auto au garage et que l'on commande du poulet **à emporter** (on s'en va avec...).

Le verbe pronominal *s'apporter* ne figure pas au dictionnaire : on ne *s'apporte* pas des sandwichs, on en **emporte** tout simplement.

Anglicismes[1]

Certains des emprunts que la langue française fait à la langue anglaise sont injustifiés ; on les nomme **anglicismes**. Parmi les plus fréquents, notons les anglicismes :

- phonétiques, ou de prononciation (**chèque** prononcé comme *tchèque*) ;
- graphiques, ou d'orthographe (*license* au lieu de **licence**) ;
- sémantiques, ou de sens (*éligible* à un concours au lieu d'**admissible** à un concours) ;
- lexicaux, comme l'utilisation d'un mot anglais en français (*overtime* pour **heures supplémentaires**) ;
- syntaxiques, ou de grammaire (*moi pour un [I for one]* au lieu de **pour ma part**).

Le plus important répertoire d'anglicismes est le *Dictionnaire des anglicismes*, de Gilles Colpron ; plusieurs autres ouvrages traitent aussi des anglicismes les plus répandus, notamment le *Dictionnaire des difficultés de la langue française au Canada*, de Gérard Dagenais, *Objectif : 200, deux cents fautes de langage à corriger*, de Robert Dubuc et le *Multidictionnaire des difficultés de la langue française*, de Marie-Éva de Villers.

Il ne faut pas hésiter à les consulter lorsque vous avez le moindre doute.

---

1. Extrait de Denys Lessard et autres. *Le français quotidien*, p. 38.

Année-personne[2]

L'**année-personne** est l'unité de temps de travail correspondant au travail d'une personne pendant une année. L'unité statistique peut être composée non seulement de l'année, mais de toutes les unités de temps :

- heure-personne,
- jour-personne,
- semaine-personne,
- mois-personne.

Au pluriel, chacun des éléments de ces mots composés prend un s final (heures-personnes, jours-personnes, etc.).

Appellations d'emploi

La liste qui suit met en évidence quelques appellations d'emploi fautives, heureusement en voie de disparition. Il s'agit le plus souvent – le dictionnaire vous le confirmera – de mots anglais déguisés ou de mots employés dans un sens qu'ils n'ont pas en français.

Appellations à rejeter	Appellations à employer
– *Ajusteur d'assurance*	– Expert ou experte en assurances, d'assurance ou en sinistres
– *Assistant-comptable*	– Aide-comptable
– *Assistant-directeur*	– Directeur adjoint ou directrice adjointe
– *Aviseur légal*	– Conseiller ou conseillère juridique
– *Aviseur technique*	– Conseiller ou conseillère technique
– *Contracteur*	– Entrepreneur ou entrepreneuse
– *Curateur de musée, de bibliothèque*	– Conservateur ou conservatrice de musée, de bibliothèque
– *Développeur (immobilier)*	– Promoteur ou promotrice, lotisseur ou lotisseuse

---

2. *Ibid.*, p. 33

– *Exécutif*	– Directeur ou directrice, cadre supérieur ou cadre supérieure
– *Gérant d'artiste*	– Imprésario
– *Gérant de banque, de caisse*	– Directeur ou directrice de banque, de caisse
– *Gérant des ventes*	– Directeur ou directrice des ventes, directeur commercial ou directrice commerciale
– *Gérant municipal*	– Chef, directeur ou directrice des services municipaux
– *Machiniste de machines-outils*	– Ajusteur ou ajusteuse de machines-outils
– *Officier du syndicat*	– Dirigeant ou dirigeante, responsable du syndicat
– *Paiemaître*	– Payeur ou payeuse
– *Pro-maire*	– Maire suppléant, mairesse suppléante
– *Régistrateur*	– Conservateur ou conservatrice des hypothèques
– *Sous-contracteur*	– Sous-traitant ou sous-traitante
– *Surintendant de l'entretien*	– Chef de l'entretien
– *Surintendant d'un immeuble*	– Concierge, gérant ou gérante d'un immeuble

Apporter (Voir Amener...)

Appuyer une proposition

Seconder une proposition est une expression fautive. On devrait plutôt dire **appuyer** une proposition. Il est à noter que le terme *secondeur* n'existe pas en français. On peut employer **second proposeur** ou **coproposant**.

Aréna

Le terme **aréna** est maintenant un québécisme accepté. Il est de genre masculin : on dit un aréna (avec l'accent aigu). C'est un emprunt ancien à l'anglais *skating arena*. L'aréna est parfois utilisé pour d'autres activités que le patinage. Il peut aussi être aménagé de façon à comprendre des locaux qui servent à diverses activités récréatives, socioculturelles et économiques.

Aréna peut toutefois être remplacé, selon le contexte, par les termes centre sportif, palais des sports, patinoire (couverte) ou encore stade.

Pour ce qui est du mot patinoire, il peut désigner aussi bien la piste de patinage que le bâtiment où se trouve cette piste.

Argent ou argents ?[3]

Le fait d'utiliser le mot **argent** au pluriel est un archaïsme ; l'expression *les argents* ne s'emploie plus en effet depuis le XVIIe siècle, parce que le sens de « valeur en monnaie » qu'il avait alors s'est perdu au fil des ans. On parle plutôt maintenant de l'argent dont on dispose, de la somme que l'on dépense, des crédits ou des fonds... que l'on nous refuse !

Puisqu'il est question d'argent, rappelons que la **piastre** et le **sou** n'ont plus cours ici, contrairement au **dollar**, qui est l'unité monétaire officielle, et au **cent** (qui a la même prononciation au singulier et au pluriel) ; précisons par ailleurs que l'on paie **en espèces** (anglais *cash*) quand on fait l'achat de biens sans chèque ni carte de crédit et **comptant** quand on paie en espèces ou par chèque.

Aucun

Utilisé comme adjectif, **aucun** a le sens de nul, pas un. Le mot auquel il se rapporte doit donc nécessairement s'écrire au singulier.

– Aucun billet de faveur ne sera remis.
– Je n'ai reçu aucune réponse.

---

3. *Ibid.*, p. 31

Exceptionnellement, aucun s'écrit au pluriel devant certains mots qui n'ont pas de singulier ou qui changent de sens au pluriel, tels frais, fiançailles, ciseaux, etc.

– Aucuns frais supplémentaires ne seront facturés.
– Aucunes fiançailles ne sont prévues.
– Aucuns ciseaux n'ont été retrouvés.

Notons que l'adjectif aucun se construit généralement avec la particule négative **ne**.

Au niveau de[4]

Quand on n'arrive pas à se mettre au niveau ou à la portée de ses collègues, que l'on n'est pas au niveau ou à la hauteur de sa tâche, on risque d'avoir des problèmes **sur le plan**, et non *au plan*, professionnel.

Il ne s'agit pas ici d'être moraliste mais simplement d'illustrer deux des emplois les plus courants de l'expression **au niveau de**; il est important de se rappeler que celle-ci rend toujours l'idée de hauteur, de rang ou d'élévation, alors que le plus souvent on l'emploie, à tort, à la place des prépositions **pour** ou **dans**, ou des expressions suivantes :

– pour ce qui est de,
– en ce qui concerne,
– en ce qui a trait à,
– en matière de,
– dans le domaine de,
– du point de vue de.

Aussi bien que (Voir Accord du verbe...)

Avoir l'air...

On se demande parfois comment accorder l'adjectif dans les expressions construites avec **avoir l'air**...

---

4. *Ibid.*, p. 47

– Elle a l'air satisfait ou satisfaite ?

Dans ce cas, l'accord est facultatif : satisfait peut s'accorder soit avec le mot air (Elle a l'air satisfait), soit avec le pronom sujet elle (Elle a l'air satisfaite).

Toutefois, lorsque le sujet est un nom de chose, on fait l'accord avec le sujet et non avec le mot air.

– Ses manières ont l'air plutôt cavalières.

Brocheuse (Voir Tranche...)

Ça et ç'

– Ça a demandé beaucoup de travail.
– Ç'a demandé beaucoup de travail.

Si vous hésitez sur le choix de l'une ou l'autre orthographe, écrivez **cela**. C'est la solution la plus élégante. Sachez tout de même que **ça** et **ç'** sont, dans ces exemples, linguistiquement corrects.

Dans la première phrase, on reconnaîtra ça, forme familière contractée de cela. Le pronom ça ne prend pas d'accent grave et, en règle générale, il ne s'élide pas.

Dans la seconde phrase, il s'agit de la forme élidée du pronom démonstratif **ce**. Il s'élide obligatoirement devant les formes des verbes avoir et être commençant par une voyelle et prend la cédille devant **a**.

Ce et se

On emploie si souvent ces deux petits mots qu'on les confond aisément. **Ce** est un adjectif démonstratif (ce, cet, cette, ces) et il précède généralement un nom ou un adjectif suivi d'un nom.

– Ce petit promoteur immobilier fait de bonnes affaires.

Ce est également un pronom démonstratif (ce, ceci, celle, ceux, etc.). On le reconnaît facilement parce qu'il a le sens de **cela** ou de **il**.

– Pour ce faire, il faudra redoubler d'ardeur.
– C'en est fait de sa réputation.
– C'est dommage qu'il n'ait pas accepté.
– C'est une spécialiste des fibres optiques.

Quant à **se**, il s'agit d'un pronom personnel de la troisième personne du singulier ou du pluriel, qui accompagne tous les verbes pronominaux. En conjuguant le verbe, on pourrait remplacer le pronom **se** par me, te, nous, vous, selon le cas.

– Pour se faire des amis, il faut parfois se taire.
– S'en débarrasser ne sera pas facile.
– Elle s'est mariée l'an dernier.

C'est, ce sont

En langue soutenue, lorsque le pronom **ce** est sujet, le verbe être qui suit se met au pluriel quand l'attribut est un nom pluriel ou un pronom de la troisième personne du pluriel. Dans la pratique, en style courant, le singulier est très fréquent et acceptable.

– Ce sont (ou C'est) les enfants qui ont choisi les prix.
– Ce sont (ou C'est) des roses.
– Ce sont (ou C'est) elles les perdantes.

Dans les autres cas, il se met à la troisième personne du singulier.

– C'est à mes enfants de décider.
– C'est des régions agricoles que je parle.
– C'est des États-Unis que j'ai rapporté ces produits.
– C'est nous qui vous offrons ce cadeau.
– C'est vous qui devez prendre la décision.

Change et monnaie[5]

Le **change** est l'action de changer une valeur monétaire contre une valeur équivalente, mais d'un pays différent; dans un

---

5. *Ibid.*, p. 17

bureau de change, par exemple, on peut changer ses dollars contre des francs, des livres, des pesos, etc.

Le mot **monnaie** désigne deux choses :

- d'une part la différence entre la valeur d'une pièce ou d'un billet et le prix d'une marchandise. Si, par exemple, vous achetez un journal qui coûte 1,50 $ et que vous payez avec un billet de deux dollars, on vous rend la monnaie de votre billet, c'est-à-dire 0,50 $;

- d'autre part la somme, en pièces ou en billets, représentant la valeur d'une seule pièce ou d'un seul billet. Ainsi le caissier ou la caissière à qui vous tendez un billet de vingt dollars en lui demandant de vous faire de la monnaie vous rend deux billets de dix dollars ou dix de deux dollars, par exemple. L'emploi du mot *change* au lieu de monnaie est un calque de l'anglais *change*.

Un billet de banque se dit à l'occasion **coupure**.

– Donnez-moi cent dollars en coupures de vingt.

Cheval, chevaux

Ne montez pas sur vos grands chevaux et ne croyez pas que nous soyons plus à cheval sur les principes que les dictionnaires français, mais, puisque certains se posent encore la question, sachez que le pluriel de **cheval** est bien **chevaux**, comme celui de journal est journaux et celui d'animal, animaux. Ne confondez toutefois pas le noble quadrupède avec les **chevau-légers**, et rappelez-vous également que la grande majorité des noms se terminant par **-al** au singulier font **-aux** au pluriel.

Chez-nous et chez nous

La préposition **chez** est suivie d'un trait d'union lorsqu'elle forme avec le pronom qui suit un nom composé. Dans ce cas, chez est toujours précédé d'un déterminant (article, adjectif possessif, etc.).

– Chacun veut un chez-soi.

– Nous aimons notre petit chez-nous.

– Ce chez-toi auquel tu rêvais tant.

Dans les autres cas, il n'y a pas de trait d'union entre chez et le pronom qui suit.

– Soyez le bienvenu chez nous.

– Faites comme chez vous.

– Chez nous, le chômage est à la hausse.

Ci-joint, ci-inclus et ci-annexé

Ci-joint, **ci-inclus** et **ci-annexé** sont invariables lorsqu'ils sont placés au début d'une phrase ou s'ils précèdent immédiatement le nom auquel ils se rapportent.

– Ci-joint une lettre vous invitant...

– Vous trouverez ci-joint copie de la note...

Ils sont au choix variables ou invariables lorsqu'ils sont placés devant un nom précédé lui-même d'un article, d'un adjectif possessif ou d'un adjectif numéral.

– Vous trouverez ci-inclus ou ci-incluse la copie que...

Ils sont toujours variables quand ils sont placés après le nom.

– Les formulaires ci-annexés devront être remplis le plus tôt possible.

Collectif (Voir Accord du verbe...)

Compléter[6]

Compléter une collection, un dossier, c'est ajouter les éléments, les pièces qui manquent pour les rendre complets.

6. *Ibid.*, p. 51

On peut aussi compléter une phrase où on a laissé un blanc, ou l'**achever** si on l'a commencée et qu'elle est restée en suspens. L'usage veut par contre qu'en fournissant les renseignements demandés sur un formulaire, qu'en répondant à un questionnaire, on les remplisse. Le plus souvent on doit donc **remplir** une formule de demande d'emploi ; compléter une telle formule signifierait y ajouter des renseignements supplémentaires ou manquants. Dans d'autres contextes, on emploiera faire, terminer, exécuter, mener à bonne fin, mener à terme, plutôt que *compléter*.

- J'ai fait ma onzième année dans ce collège.
- Nous avons terminé notre étude la semaine dernière.
- Le projet sera exécuté d'ici un an.
- Malgré de nombreux obstacles, l'entreprise fut menée à bonne fin.
- On a chargé son successeur de mener l'œuvre à terme.

Couleur (Voir Adjectif...)

Coupez la ligne

Qui ne connaît pas l'expression *il y a du trouble sur la ligne ?* S'agit-il de révolte ou de désordre ? Voilà pourtant les sens courants de **trouble**. Ce mot familier dissimule un piège. Pour éviter ce calque, on utilisera l'expression : la ligne est **en dérangement**.

Surtout ne quittez pas ! Parmi les expressions imagées que nous connaissons bien, il y a : *la ligne a été coupée.* On voit déjà les ciseaux prêts à l'action... En réalité, ce n'est pas la ligne qui est coupée, mais la communication. On dira donc que la **communication** a été **coupée**.

Le cas échéant, votre seul recours est de **raccrocher** le combiné et de recomposer le numéro. Si vous êtes davantage enclin à *fermer la ligne* rageusement, attention ! Cette expression, bien que populaire, est un calque de l'anglais *to close the line.* (Voir **Protocole téléphonique**)

Dactylo (Voir Filière...)

De la part de qui ?

Il arrive fréquemment dans un bureau que la personne qui répond au téléphone soit chargée de filtrer les appels. Il va sans dire qu'elle a tout intérêt à faire preuve de tact dans le choix de la formule à employer pour ne pas froisser la personne qui appelle.

Aux formules plutôt cavalières telles que *Qui parle ?*, *Qui l'appelle ?* ou *Qui êtes-vous ?* de même que *C'est à quel sujet ?*, on préférera des phrases plus courtoises comme **De la part de qui, s'il vous plaît ?** ou **Puis-je lui dire qui l'appelle ?**

Si la personne demandée ne peut prendre l'appel immédiatement, on pourra dire : Désirez-vous attendre ?, Préférez-vous rappeler ? ou bien Puis-je prendre un message ? Dans tous les cas, il faut se rappeler que, là comme ailleurs, la courtoisie a toujours sa place. (Voir **Protocole téléphonique**)

De même que (Voir Accord du verbe...)

Des plus

L'adjectif qui suit **des plus**, **des moins**, **des mieux** se met généralement au pluriel.

– C'est une question des plus difficiles.
– Voici une lettre de remerciement des mieux rédigées.
– Il s'agit là d'une tâche des moins rémunérées.

D'autre part, si l'adjectif se rapporte à un verbe, à un pronom neutre ou à une proposition, il reste invariable.

– Acheter ces actions paraissait des plus rentable.
– Il m'est des plus agréable d'effectuer ce travail.
– Cela devient des plus pénible.
– Il lui est des plus naturel d'agir de la sorte.
– Qu'il soit déjà parti serait des plus vraisemblable.

Enfin, si la phrase comporte plusieurs adjectifs, il est préférable de répéter des plus.

– Une employée des plus honnêtes et des plus courageuses.

Dièse (#) (Voir Esperluette...)

Directeur, directrice

Il ne vous viendrait sûrement pas à l'esprit de parler d'une *vendeure*, d'une *danseure*, d'une *traducteure* ou d'une *coordonnateure*. Vous savez pertinemment que vendeur et danseur font au féminin vendeuse et danseuse; traducteur et coordonnateur, traductrice et coordonnatrice. De même, n'hésitez pas à appeler directrice la femme chargée de diriger, d'administrer une entreprise, un établissement, un organisme ou une unité administrative.

En effet, on voit de plus en plus de femmes occuper le poste de directrice de banque, d'usine ou de club sportif; devenir directrices dans un ministère, une entreprise ou une association; accepter le titre de directrice administrative, commerciale ou financière.

Bref, le féminin du mot **directeur** est **directrice**. L'usage et les dictionnaires le confirment.

Quant aux mots féminins se terminant en **-eure** – et ils constituent l'exception –, il s'agit pour la plupart de néologismes qui ont été proposés pour régler le cas de quelques mots qui n'ont jamais eu de féminin ou dont la forme féminine n'a jamais pu s'imposer. Voici ceux que nous avons répertoriés : annonceure, assesseure, assureure, auteure, censeure, docteure, gouverneure, ingénieure, metteure en scène, pasteure, procureure, professeure, sculpteure et superviseure.

Tous ces mots ont été formés sur le modèle de prieur/prieure, supérieur/supérieure. (Voir **Féminisation des titres**...)

Dollar (Voir Symbole du...)

Du, Dû, Dut, Dût

Quand faut-il écrire **du** avec un accent circonflexe ou avec un **t**?

Sans accent circonflexe

Du	Dus, due, dues	Dut
Article	Participe passé masc. plur., fém. sing. et fém. plur.	Passé simple 3ᵉ pers. du sing.

Avec accent circonflexe

Dû	Dû	Dût
Participe passé masc. sing.	Nom	Subjonctif imparfait 3ᵉ pers. du sing.

1. **Du** est un article contracté ou partitif.

   – Voilà l'ordre du jour de la réunion.
   – Ajoutez-y du vin rouge.

2. **Dû** est le participe passé du verbe devoir et ne prend l'accent circonflexe qu'au masculin singulier.

   – Cet accident est dû à une négligence.
   – Ils ont dû fusionner leurs entreprises.
   – Voici un contrat en bonne et due forme.
   – Les sommes dues seront payées immédiatement.
   – Rendons-lui les honneurs qui lui sont dus.

3. **Dû** employé comme nom conserve l'accent circonflexe.

   – Elle ne fait que réclamer son dû.

4. **Dut** est la troisième personne du singulier du verbe devoir au passé simple.

   – Il dut convaincre le conseil d'administration.

5. **Dût** est la troisième personne du singulier du verbe devoir à l'imparfait du subjonctif.

– Je ferai ce travail, dût-il me demander de grands efforts.

Rappelons également que l'expression *dû à* est un anglicisme. On lui substituera l'une ou l'autre de ces locutions prépositives : par suite de, grâce à, en raison de, à cause de.

– En raison du mauvais temps, la réunion a été annulée.
et non
– *Dû au* mauvais temps, la réunion a été annulée.

Élision

On appelle **élision** le remplacement des voyelles **a**, **e**, **i** par une apostrophe devant une **voyelle** ou un **h** muet.

1. Élision du **e**.

a) On fait l'élision de **me**, **te**, **se**, **ne**, **de**, **le**, **que** et **jusque** dans tous les cas.

– Il m'aime.
– Je t'appelle.
– Elle s'en va.
– Il n'ose pas.
– L'homme...
– Il l'a vu.
– D'accord...
– Qu'il pleuve.
– Jusqu'à lundi...

b) Pour les conjonctions **quoique**, **puisque** et **lorsque**, on fait l'élision devant il, ils, elle, elles, on, un, une et ainsi.

– Puisqu'elle le dit.
– Quoiqu'il le pense.
– Lorsqu'on allait à l'école.

c) On élide **ce** et **je** lorsqu'ils sont placés devant le verbe ou le pronom **en** ainsi que **je** devant le pronom **y**.

– C'est arrivé hier.
– J'arrive.

– J'en veux encore.
– C'en est fait.
– J'y crois.

d) On élide **quelque** devant un, une, et **presque** devant île.

– Quelqu'un
– Quelqu'une
– Presqu'île

En revanche, l'élision ne se fait ni devant **un** ou **une** lorsqu'ils sont adjectifs numéraux, ni devant **huit, onze, oui** et les **mots d'origine étrangère** commençant par un **y**, ni lorsque le pronom **le** est placé après le verbe.

– Une pièce de un dollar...
– Le huit mai...
– Le onze du mois...
– Le oui...
– Le yogourt...
– Le yacht...
– Donne-le à ton frère.

2. Élision du **a**.

On élide le **a** de **la**, sauf dans le cas du pronom personnel **la**, placé après le verbe.

– L'huissière...
– L'autruche...
– Il l'a vue.
– Donne-la à ton frère.

3. Élision du **i**.

On fait l'élision du **i** dans la conjonction **si** devant il et ils.

– S'il pleut.
– S'ils viennent.

Les règles de l'élision s'appliquent également aux **noms propres**.

– Le manteau d'Étienne
– Le rapport d'André

– La démission d'Irène
– L'élection d'Horace

Emmener (Voir Amener...)

Emporter (Voir Amener...)

En collaboration avec (Voir Accord du verbe...)

Espacement

Dans les textes **dactylographiés** ou **obtenus par le traitement de texte**, on peut s'en tenir aux indications qui suivent quant à l'espacement entre les mots et les signes de ponctuation. Pour les textes composés traditionnellement, par photocomposition ou par éditique, les règles sont généralement plus nuancées.

Signe de ponctuation	Avant le signe	Après le signe
la virgule le point le point abréviatif le point d'exclamation le point d'interrogation le point-virgule les points de suspension	pas d'espace	un espace
le deux-points le tiret les guillemets ouvrants et fermants	un espace	un espace

le trait d'union la barre oblique	pas d'espace	pas d'espace
la parenthèse ouvrante le crochet ouvrant	un espace	pas d'espace
la parenthèse fermante le crochet fermant	pas d'espace	un espace

Esperluette (&), dièse (#) et a commercial (@)

L'**esperluette** (on dit aussi **perluète**), représentée par le caractère **&**, ne remplace plus systématiquement la conjonction **et** comme autrefois. De nos jours, son usage est réservé au style publicitaire et au domaine commercial. On la voit notamment dans les raisons sociales où elle fait partie de certaines expressions figées.

   – Bruno Maillet & Fils
   – Françoise Demers & Associées
   – Gilles St-Onge & Cie

On l'emploie également, dans les raisons sociales, entre des patronymes ou entre des prénoms ou leurs initiales.

   – Prévost & Bouchard
   – De Rico, Richer & Royal
   – B. & A. Régis

On évitera toutefois de réunir deux noms communs par l'esperluette.

   – Meubles et accessoires de bureau
    et non
   – Meubles & accessoires de bureau.

En outre, on réservera les symboles # et @ aux communications en langue anglaise. Le premier remplace les mots *number* et *pound* (unité de poids). Le deuxième équivaut à *at, each.* Laissons donc aux musiciens le privilège de faire des dièses (#) et aux réviseurs le soin de marquer l'espacement entre deux mots à l'aide de ce même symbole que l'on appelle de plus en plus couramment le **carré**.

Étampe (Voir Filière...)

Extension (Voir Local...)

Féminisation des titres et des textes

Au Québec, une majorité croissante de personnes se rallie à l'idée de féminiser les titres, les fonctions et les appellations d'emploi. À juste titre d'ailleurs : la mairesse est autre que la femme du maire ; la directrice n'est plus seulement à l'école, elle se trouve aussi à l'usine ou au bureau. De même, on s'étonne de moins en moins qu'une femme soit chancelière, monteuse de ligne, pompière ou chirurgienne. Si certaines appellations nouvelles font encore sourire, elles ne bouleversent ni n'effraient plus personne. Par contre, ce qui gêne bon nombre d'entre nous, c'est la façon de témoigner concrètement et efficacement de cet important changement sociologique dans nos écrits. Comment féminiser sans alourdir le texte, sans nuire à la clarté du message ?

À vrai dire, les formules miracles n'existent pas. Le plus souvent, on doit écrire la forme masculine et la forme féminine en toutes lettres. Parfois, il est intéressant et avantageux d'avoir recours à des termes génériques ou à des tournures neutres.

– Cette note s'adresse à tous les enquêteurs et à toutes les enquêteuses.

– Les candidatures à ce poste sont très nombreuses.
(Plutôt que « Les candidats et les candidates... »)

– Êtes-vous de citoyenneté canadienne ?
(Plutôt que « Êtes-vous citoyenne canadienne ou citoyen canadien ? »)

Sur le plan de la grammaire, la féminisation ne présente généralement aucune difficulté. Les règles d'accord des adjectifs et des participes s'appliquent normalement.

– Les citoyennes et les citoyens seront invités à se prononcer sur des questions d'importance capitale.
– Des traductrices et des traducteurs compétents sauront résoudre vos problèmes de traduction.
– L'étudiante ou l'étudiant choisi participera à un stage à l'étranger.

Employés avec discernement, certains procédés stylistiques permettent d'alléger l'écriture d'un texte. Ainsi peut-on omettre, à l'occasion, la répétition de l'article et de l'adjectif devant la deuxième forme, masculine ou féminine.

– L'interruption des services d'eau et d'électricité touchera tous les résidents et résidentes du quartier.
– Les infirmières et infirmiers autorisés ont accepté de bonne grâce les nouvelles directives administratives.

De même, l'utilisation de l'ellipse ainsi que des pronoms appropriés peut s'avérer utile dans certains cas.

– On demande un agent ou une agente de liaison.
– On nommera sous peu un ou une juge en chef.
– Les programmeuses et programmeurs choisis recevront une formation intensive de six semaines. Ils devront se rendre à Dallas. Ceux qui termineront le stage avec succès seront embauchés.
– Tout le personnel est convoqué à une importante réunion d'information. Ceux et celles qui ne pourront y assister devront justifier leur absence.

En revanche, l'emploi des formes tronquées, qui relève de la pure fantaisie, est à rejeter, voire à proscrire. Ainsi on n'écrira pas *les patrouilleur/se/s, les préposé(e)s, les procureur,e,s,* ou *les facteurs-trices.*

Si le défi de la féminisation des textes vous intéresse, consultez la publication de l'Office de la langue française, intitulée *Au féminin : guide de féminisation des titres de fonction et des textes.*

Filière, étampe et dactylo

Certaines impropriétés sont encore trop fréquentes dans la langue courante du travail de bureau. C'est le cas de *filière* au sens de **classeur**, d'*étampe* au sens de **timbre (de) caoutchouc** et de *dactylo* au sens de **machine à écrire**.

D'après les dictionnaires, **filière** et **étampe** désignent plutôt divers outils que l'on peut trouver dans un atelier ou une usine, tandis que **dactylo** ne se dit que de la personne dont la profession est d'écrire ou de transcrire des textes en se servant de la machine à écrire.

Fonctions (Voir Majuscules)

Fraction (Voir Accord du verbe...)

Gardez la ligne

Parmi les expressions cocasses que l'on entend parfois, *gardez la ligne* tient une place de choix.

En l'utilisant pour demander à un interlocuteur ou à une interlocutrice de patienter, on semble plutôt conseiller à cette personne de surveiller son poids ou de rester mince. En effet, *gardez la ligne*, tout comme *restez sur la ligne*, est une mauvaise traduction de l'expression *hold the line*.

Ainsi, à moins de faire la publicité d'une association sportive ou d'un régime amaigrissant, on peut dire : **Un moment, je vous prie ; Un instant, s'il vous plaît ; Ne quittez pas.** (Voir **Protocole téléphonique**)

Gérant[7]

Comme son nom l'indique, un **gérant** est une personne qui gère, qui administre un commerce, des affaires ou des biens

---

7. *Ibid.*, p. 43

pour le compte d'autrui, tels le gérant d'un hôtel, la gérante d'un immeuble.

Dans la hiérarchie administrative, une personne qui occupe un poste de commande est, selon l'importance de celui-ci, un directeur – qui se trouve à la tête d'une direction – ou un chef qui se trouve à la tête d'un service –, mais non un *gérant*. Ainsi, on parlera de la directrice générale de l'entreprise, du directeur du personnel, du ou de la chef du Service du personnel.

On peut distinguer par ailleurs l'**adjoint du directeur**, qui occupe un poste fonctionnel et assiste le directeur dans l'accomplissement de sa tâche, et le **directeur adjoint** qui est titulaire de l'autorité hiérarchique et qui a une compétence comparable à celle du directeur et le remplace en cas d'absence ou d'empêchement.

Guillemets[8]

Saviez-vous que les signes de ponctuation ne sont pas identiques dans toutes les langues? En espagnol, par exemple, les points d'interrogation et d'exclamation se placent et à la fin et au début de la phrase, où ils sont retournés.

– ¿ Por qué ?
– ¡ Buenos Dias !

Il en est de même des guillemets, qui diffèrent en anglais et en français. En anglais, ce sont deux virgules retournées ou non (" ... "), alors qu'en français, ce sont des crochets doubles en chevron, ouvrants et fermants (« ... »).

– " How do you do ? "
– « Je me porte à merveille. »

Il est donc vrai qu'il existe des **guillemets anglais** et des **guillemets français**; seuls les seconds devraient être utilisés dans les textes français. Après tout, il ne viendrait à l'idée de personne

---

8. *Ibid.*, p. 9

d'employer, par exemple, le point d'interrogation retourné de l'espagnol en français. ¿ N'est-ce pas ?

Heures d'ouverture

Si vous avez remarqué le petit écriteau sur lequel sont indiquées les heures d'ouverture des bureaux ou des commerces de votre région, vous vous êtes sûrement rendu compte de la variété ou de la confusion qui existe à cet égard.

Pourtant, en français, la représentation de l'heure est très simple. Selon le cas, on adopte l'un des systèmes suivants :

1. La **représentation alphanumérique**, où l'indication des heures (de 0 à 24) est suivie du symbole **h** et, s'il y a lieu, de l'indication des minutes (de 0 à 60).

   – 9 h
   – 17 h 30
   – 23 h 5

Notez que le symbole **h** ne prend ni la marque du pluriel ni le point abréviatif et qu'on laisse un espace entre le symbole et le chiffre.

On indiquera donc qu'un magasin est ouvert de huit heures et demie du matin à onze heures du soir de la façon suivante :

Ouvert de 8 h 30 à 23 h

2. La **représentation entièrement numérique**, où l'indication des heures et des minutes est séparée par le deux-points.

   – 09:00
   – 17:30
   – 23:05

L'usage de cette représentation est réservé aux tableaux indicateurs (horaires de trains, d'avions, etc.) et aux supports de données informatiques.

Rappelons que l'emploi des abréviations *A.M.* et *P.M.* ainsi que *hr.*, *hre* et *hres* est à proscrire en français.

Les formes fautives suivantes sont donc à éviter :

8.30 – 23 hrs
8.30 A.M. – 11 P.M.
8:30 H – 23:00 H
08h30 – 23h00

Honorable

Monsieur, **Madame** sont des titres de civilité que l'on donne aux personnes de toute condition, y compris les députés, les ministres et les premiers ministres. Ils s'écrivent en toutes lettres sur l'enveloppe et dans les formules d'appel d'une lettre.

Honorable est un titre de civilité désuet à déconseiller. C'est sous l'influence de l'anglais que l'on donne abusivement le titre d'honorable aux élus du peuple.

Impératif

À la deuxième personne du singulier de l'impératif, les verbes en **-er** ne prennent pas de **s** final.

– Annule.
– Rédige.
– Surveille.

Il en va de même des verbes accueillir, aller, avoir, couvrir, cueillir, offrir, ouvrir, recueillir, savoir, souffrir et vouloir.

– Aie.
– Offre.
– Sache.
– Va.

On ajoutera cependant un **s** final à ces mêmes verbes lorsqu'ils précèdent les pronoms **en** et **y** et qu'ils ne sont pas suivis d'un infinitif.

– Cueilles-en.
– Manges-en.

– Penses-y.
– Vas-y.

On écrira toutefois :

– Va en chercher.
– Va y apprendre une autre langue.

Dans ces deux derniers exemples, les pronoms **en** et **y** dépendent de l'infinitif et non du verbe à l'impératif. C'est ce qui explique l'absence des traits d'union.

Information (Voir Renseignement...)

Item[9]

Le mot **item** est le type même de mot passe-partout qui a la vie dure en français ; pour plusieurs, le seul fait qu'il figure dans le dictionnaire justifie son emploi. Voyons un peu ce qu'il en est.

Item est un adverbe latin, qui signifie « de même, en outre », mais aussi un nom masculin qui a fait depuis peu son apparition sous l'influence de l'anglais et qui est réservé aux vocabulaires spécialisés, notamment de la psychologie et de la linguistique.

Dans le domaine de la comptabilité et de l'administration, on utilise les termes **postes** pour désigner les opérations et les articles inscrits dans un livre comptable, **points, questions** ou **sujets** pour les éléments qui figurent à l'ordre du jour d'une réunion, et **articles** pour les différentes parties d'un contrat, d'un code, ou pour tout objet de commerce en général.

– Cet article ne figure pas dans notre nouveau catalogue.

Tout emploi du mot *item* dans ces derniers cas est un anglicisme ; il est alors inutile de s'interroger sur son pluriel.

Jours de la semaine

Les noms des jours de la semaine s'écrivent en minuscules et prennent la marque du pluriel.

---

9. *Ibid.*, p. 44

– Il se rend au bureau à pied tous les mercredis.
– Les réunions ont lieu les mardis et les jeudis.
– Les deuxième et troisième vendredis du mois.

Cependant, l'accord n'est pas toujours possible.

– Ce cours a lieu les lundi et mardi de chaque semaine.

En effet, il n'y a qu'un seul lundi et qu'un seul mardi dans la semaine.

Notez également que l'emploi du singulier générique peut avantageusement remplacer le pluriel. Les deux phrases qui suivent ont sensiblement le même sens.

– Il travaille le samedi.
– Il travaille les samedis.

Quant aux mots **matin** et **soir**, ils sont en règle générale invariables lorsqu'ils accompagnent les noms des jours de la semaine.

– Elles s'entraînent les lundis matin et les jeudis soir.

On sous-entend les lundis au matin et les jeudis au soir.

Ledit, ladite...

Dans la langue juridique, et parfois administrative, les adjectifs démonstratifs ledit, ladite, etc., s'emploient pour désigner l'objet dont on vient de parler. Ces adjectifs s'écrivent en un seul mot et s'accordent avec le nom auquel ils se rapportent.

Le participe passé **dit** se joint à l'article de même qu'à l'adverbe **sus**. On écrit ainsi les diverses formes :

– ledit, ladite, lesdits, lesdites ;
– audit, à ladite, auxdits, auxdites ;
– dudit, de ladite, desdits, desdites ;
– susdit, susdite, susdits, susdites.

Dans le cas de **susdit** (et ses variantes), le préfixe **sus-** se prononce « susse ».

Lettres euphoniques

Les lettres **s**, **t**, et **l** sont parfois appelées lettres euphoniques parce qu'elles s'insèrent entre deux voyelles pour éviter de choquer l'oreille. Ces lettres n'ont aucune fonction grammaticale.

Ainsi, à la deuxième personne du singulier de l'impératif, les verbes en -**er** ainsi que les verbes aller, avoir, couvrir, etc., prennent un **s** final lorsqu'ils précèdent les pronoms **en** ou **y** et qu'ils ne sont pas suivis d'un infinitif.

– Parles-en à tes parents.
– Vas-y demain.

De même, la lettre **t** s'insère entre un verbe qui se termine par **e**, **a**, **c** et les pronoms inversés **il**, **elle** et **on**.

– Elle est très heureuse, semble-t-il.
– Y a-t-il un bureau de scrutin près de chez vous ?
– Pourra-t-on le joindre cet après-midi ?
– Convainc-t-elle son auditoire ?

Notez que dans les verbes se terminant par un **d**, on n'ajoute pas de **t** euphonique, puisque le **d** se prononce **t** en liaison.

– Prend-il des vacances ?

Enfin, on recommande de remplacer **on** par **l'on** après les mots **ou**, **et**, **à qui**, **à quoi**, **que** et **si**. On évitera cependant de le faire après **dont** ou devant un mot commençant par un **l**.

– Souriez et l'on vous sourira.
– Ou l'on accepte ou l'on refuse.
– Les enfants dont on parle.
– Et on le lui a donné.

L'emploi des lettres euphoniques **s** et **t** est obligatoire. Quant à la lettre **l**, son usage ne s'impose vraiment que dans les cas où il y a une suite de sons désagréables.

– Il faut que l'on accepte cette décision.

Leur, leurs

Quand écrit-on **leur** ou **leurs**? Comment savoir s'il s'agit d'un pronom personnel, d'un pronom possessif ou d'un adjectif possessif?

1. Pronom personnel (leur)

Leur est pronom personnel et invariable quand, sans rendre la phrase inintelligible, il peut être remplacé par **lui**. Il est en règle générale placé à côté du verbe.

> – Ils ne leur ont pas parlé.
> – Manifestez-leur votre appui.

2. Pronom possessif (leur, leurs)

Leur est pronom possessif quand il est précédé des articles **le**, **la**, **les**. Il prend le nombre de cet article et ne peut être remplacé par **lui**.

> – Ils m'ont prêté le leur.
> – Avez-vous reçu la leur?
> – Les leurs sont plus économiques.

3. Adjectif possessif (leur, leurs)

Comme **adjectif possessif**, leur s'accorde en nombre avec le nom auquel il se rapporte. Il est toujours suivi d'un nom ou d'un nom précédé d'un adjectif et ne peut être remplacé par **lui**.

> – Envoyez-moi leur carte de membre.
> – Il a réfuté leurs derniers arguments.

Local et extension

Quand une personne vous téléphone et qu'elle vous demande de la rappeler au *local* 215 ou à l'*extension* 215, vous devinez toute de suite qu'elle parle du **poste** 215.

Un **local** est une pièce, une partie de bâtiment destinée à un usage déterminé; il peut servir d'habitation, d'atelier, de laboratoire, de lieu de commerce, etc. Quant au mot **extension**, il désigne l'action de donner à quelque chose une plus grande dimension ou la possibilité d'englober un plus grand nombre de choses. En français, on parlera de l'extension d'un sinistre, d'une matière élastique, ou encore de l'extension donnée à une loi.

Majuscules

1. Aux noms communs employés dans un sens absolu

Rappelons brièvement que certains noms communs prennent la majuscule lorsqu'ils sont employés dans un sens absolu ou lorsqu'ils marquent le caractère unique d'une dénomination.

- La Ville de Sherbrooke a signé un important protocole d'entente avec la Faculté de médecine de l'Université de Sherbrooke.
- L'Église se prononcera sous peu sur cette délicate question.
- L'État québécois doit agir dans l'intérêt de tous les citoyens et citoyennes.
- Voici une importante décision de l'Hôtel de Ville.

Les mots **ville**, **faculté**, **église**, **état**, **hôtel de ville**, lorsqu'ils ne désignent pas l'autorité politique, religieuse, etc., s'écrivent en minuscules.

- La ville de Sherbrooke a une superficie de 57,6 km^2.
- L'université compte 25 facultés.
- L'église Saint-Jean-De Brébeuf est située près du cégep.
- L'état financier de plusieurs organismes et établissements régionaux est catastrophique.
- Présentez-vous à l'hôtel de ville entre 10 h et 12 h 30.

2. Aux noms de fonctions et aux titres

En général, les termes désignant les fonctions et les titres sont des noms communs et s'écrivent avec une minuscule.

- Le cabinet compte huit ministres.
- Nous sommes à la recherche d'un vice-président aux ventes.
- Le poste de président-directeur général est à pourvoir.

Néanmoins, il faut distinguer les quatre cas suivants.

a) On écrit le titre en toutes lettres et on met toujours une majuscule lorsqu'on s'adresse directement à la personne, par exemple dans l'appel ou la salutation d'une lettre et sur l'enveloppe.

– Madame la Vice-Présidente, (appel)
– Recevez, Monsieur le Premier Ministre,... (salutation)
– Monsieur Luc Simard (adresse sur l'enveloppe et dans la vedette)

b) Dans le corps d'un texte, lorsqu'on parle d'une personne, on utilise la minuscule. De plus, le titre de civilité est le plus souvent abrégé.

– Nous avons reçu comme conférencier M. le juge Luc Sicotte.
– La sous-ministre a présenté son étude relative à l'environnement.
– Notre évêque est un homme très dévoué.

c) Dans la signature, divers cas peuvent se présenter. En voici quelques exemples :

Hélène Bolduc
Relationniste

Hélène Bolduc, relationniste

Hélène Bolduc,
relationniste

– La directrice adjointe des relations publiques,

Yvette Larrivée

d)   Enfin, si l'on doit écrire une appellation de convenance comprenant deux titres, seuls le premier titre et l'adjectif possessif qui le précède prennent la majuscule.

– Son Éminence le cardinal
– Sa Majesté la reine
– Sa Sainteté le pape

Marques de commerce

La **marque de commerce** est le nom par lequel un fabricant ou un commerçant appelle son produit. Certaines marques de commerce sont d'ailleurs si bien connues qu'il nous arrive de nommer des objets uniquement par leur nom de marque (*Dymo, Velox, Duo-tang*).

Même si la langue familière s'accommode parfois de cet usage, il est préférable d'utiliser le terme exact qui désigne le produit. Ainsi, *Dymo* devient **estampeuse d'étiquettes**, *Velox*, **copie contact**, et *Duo-tang*, **reliure** ou **classeur à attaches**.

Il en va de même des exemples suivants :

– *Arborite* : stratifié (décoratif)
– *Bellboy* : récepteur (de recherche de personnes) ou téléavertisseur
– *Bic* : stylo à bille
– *Gyproc* : carton-plâtre ou panneau de plâtre
– *Kleenex* : papier-mouchoir
– *Masonite* : panneau de fibres
– *Sea-Doo* : motomarine
– *Ski-Doo* : motoneige
– *Styrofoam* : mousse de polystyrène
– *Touch-Tone* : poste téléphonique à clavier
– *Velcro* : fermeture adhésive

Mille

L'adjectif numéral mille est toujours invariable.

- Trois mille dactylos ont fait la grève.
- Fait à Baie-Comeau, en l'an deux mille quinze (2015).
- Cela fait partie des mille et un imprévus de la vie.
- Reportez-vous à la page deux mille.

Mille ne varie que lorsqu'il désigne une mesure de longueur. Il est alors employé comme nom.

- Elle marche de cinq à dix milles par jour.

Monnaie (Voir Change...)

Néant et sans objet

Dans un questionnaire, un formulaire à remplir, on écrit **néant** pour signifier qu'il n'y a rien à signaler. La mention **sans objet**, utilisée le plus souvent sous la forme abrégée **S. O.** ou **s. o.**, indique que la question ne s'applique pas.

- Signes particuliers : néant
- Autres cours suivis : néant
- Date de votre mariage : s. o.
- Nom de la bibliothèque que vous fréquentez : s. o.

Les mentions *nil* et *N/A* ne s'emploient qu'en anglais.

Nombre du complément après sans, pas de ou plus de

Le nom qui suit la préposition **sans** ou les locutions **pas de** et **plus de** s'écrit au singulier ou au pluriel selon le contexte, la logique ou la vraisemblance.

Avec complément au pluriel :

- Il n'a que des chandails sans manches.
- Le bébé ne porte pas de souliers.
- Il n'y a plus d'ouvriers dans l'usine.

La logique veut qu'il y ait deux manches, deux souliers et plus d'un ouvrier.

Avec complément au singulier :

– Elle s'en est tirée sans mal.
– Il n'y a pas de misère plus grande que la pauvreté.

Le singulier s'impose parce que l'on dit du mal, de la misère.

Dans la majorité des cas, cependant, c'est l'intention de l'auteur qui joue un rôle prédominant, et il est alors impossible d'établir une règle.

Avec complément au singulier ou au pluriel :

– Il a été congédié sans motif valable (ou motifs valables).
– Cet enfant n'a pas de difficulté (ou difficultés) à apprendre.
– Nous n'avions plus de doute (ou doutes) sur ses intentions.

Le même raisonnement peut s'appliquer au nom qui suit des locutions comme l'**absence de**, le **manque de**, **faute de**, etc.

Nombres

Dans les **textes scientifiques**, **statistiques** et **techniques**, les nombres s'écrivent le plus souvent en chiffres, contrairement aux ouvrages littéraires et aux documents juridiques, où les nombres s'écrivent généralement en toutes lettres.

Dans les **textes courants**, on se sert de chiffres pour indiquer les mesures métriques, les degrés de température, les données mathématiques ou statistiques, les pourcentages, les heures, les dates, les sommes d'argent, les données numériques des adresses, les numéros de lois, de règlements, d'articles, etc.

– 10 km
– 20 °C
– 50 cm x 8 cm
– 20 %
– 16 h 30
– le 20 mai 1999
– 50,60 $
– 140, rue de la Braderie
– chap. 3, art. 6
– p. 4, n° 5

On écrit en toutes lettres les nombres ronds (cent, cinq cents, etc.) ainsi que les nombres inférieurs à dix-sept ou à vingt et un. On écrit toutefois ces nombres en chiffres si ceux-ci se rapportent aux données mathématiques, techniques ou scientifiques spécifiquement traitées dans le document.

– Plus de cent personnes étaient présentes.
– L'expérience a duré quatre jours.
– Les sondages révèlent que 3 des 12 échantillons prélevés...

Il faut éviter de commencer une phrase par un chiffre.

– *30 participants ont voté contre la proposition.*

On écrira le nombre en toutes lettres ou on modifiera la structure de la phrase.

– Trente participants...
– Quelque 30 participants...

En outre, on ne doit pas écrire successivement en chiffres deux nombres qui se rapportent à des réalités différentes.

– Durant les années *30, 6000* réfugiés...

Il y a alors risque de confusion ; il est préférable d'écrire :

– Durant les années 30, il y eut 6000 réfugiés...
     ou
– Durant les années trente, 6000 réfugiés...

Enfin, dans les **documents ayant une portée juridique**, il arrive que l'on ajoute au nombre écrit en toutes lettres le nombre écrit en chiffres, placé entre parenthèses. Il ne faut toutefois pas abuser de cette pratique.

Dans un contrat, on pourrait donc écrire :

– Douze mille six cents dollars (12 600 $)...

Dans une lettre ou un rapport, on n'écrirait pas :

– *Six (6) des treize (13) répondants...*

Noms de lieux

Les toponymes (noms de lieux ou noms géographiques) peuvent désigner soit des entités géographiques naturelles (lacs, rivières, etc.), soit des entités géographiques artificielles ou administratives (barrages, villes, voies de communication, etc.).

- la rivière aux Feuilles
- la baie des Anglais
- le ruisseau de la Montée du Moulin (entité naturelle)
- le lac de la Rame Brisée (entité naturelle)
- l'avenue Beaugrand-Champagne
- le district judiciaire de Baie-Comeau
- l'Abitibi-Témiscamingue (région administrative)
- la réserve écologique Louis-Zéphirin-Rousseau
- le parc de récréation des Îles-de-Boucherville
- la zec de l'Oie-Blanche-de-Montmagny

Les toponymes dont le spécifique est entièrement de langue anglaise ne prennent pas de trait d'union.

- Thetford Mines
- le boulevard Blue Mountain

Toutefois, le trait d'union est obligatoire entre les constituants des spécifiques formés à partir de noms de personnes.

- le lac John-Labatt
- le pont Hubert-C.-Cabana
- la baie à Ti-Pierre

Les articles et les particules de liaison s'écrivent généralement en minuscules.

- lac **la** Loutre
- rue **de la** Falaise

Ils prennent cependant la majuscule s'ils sont placés au début d'un toponyme de nature administrative ou s'ils font partie d'un nom de famille.

- **La** Tuque
- rue **De La** Gauchetière
- rue du Général-**De** Gaulle

- Thérèse-**De** Blainville (MRC de)
- **L'**Île-d'Orléans (MRC de)

On utilise le tiret lorsqu'il s'agit de réunir plusieurs toponymes dont l'un, au moins, comporte déjà un trait d'union.

- la Mauricie–Bois-Francs
- la Gaspésie–Îles-de-la-Madeleine
- le Saguenay–Lac-Saint-Jean

Rappelons également que les toponymes sont des noms propres. Il est donc préférable de ne pas les abréger. Ainsi, dans la correspondance, on écrira 10, rue King Ouest plutôt que *10 King O*; de même, on écrira Saint-Léonard plutôt que *St-Léonard*; Québec en toutes lettres et entre parenthèses plutôt que *QC*. En outre, les lettres majuscules prennent les accents, la cédille et le tréma lorsque les minuscules équivalentes en comportent.

Si ces questions vous intéressent, procurez-vous le *Guide toponymique du Québec*, en vente aux Publications du Québec et, au besoin, faites appel aux spécialistes de la Commission de toponymie du Québec.

Noms de villes

Les noms de villes ou de villages se présentent généralement sans article : Montréal, Québec, Laval, Anjou. Mais quelques-uns débutent par un article, entre autres : L'Épiphanie, La Prairie, Le Bic, Les Escoumins. Lorsque ces derniers noms sont précédés de la préposition **à** ou **de**, ils gardent l'article, et la contraction s'applique devant **le** ou **les**.

- C'est une équipe de **L'Épiphanie**.
- Elle est née à **La** Prairie.
- Elle revient **du** Bic.
- Il ira **aux** Escoumins.

Fait exception : Le Gardeur.

- Elle a étudié à Le Gardeur.
- Le Service des loisirs de Le Gardeur...

Rappelons également que Trois-Rivières, Cap-de-la-Madeleine, Sept-Îles, Havre-Saint-Pierre s'écrivent sans article. Il ne convient donc pas d'en ajouter un.

— Je vais **à** Trois-Rivières (et non *aux*).
— Il arrive **de** Cap-de-la-Madeleine (et non *du*).
— Il s'installera **à** Sept-Îles au printemps (et non *aux*).
— J'ai visité Havre-Saint-Pierre (et non *le*).

Non-conformiste et non conformiste

L'adverbe **non**, utilisé comme préfixe, entre dans la composition de certains mots. La règle est de mettre le trait d'union dans les substantifs (noms) ainsi formés.

— Ce peintre est un non-conformiste irréductible.
— Les non-fumeurs se sont réjouis de la nouvelle.
— Il a été accusé de non-assistance à une personne en danger.

Il est recommandé de l'omettre devant un adjectif ou un participe.

— Son attitude non conformiste lui nuit.
— On accordera la préférence aux industries non polluantes.
— Les municipalités non soumises au règlement n° 14...

Nous de modestie

En règle générale, le pronom de la première personne du pluriel représente un groupe de personnes.

— Nous pourrons, vous et moi, nous tirer d'affaire sans eux.
— Nous sommes hautement préoccupés du taux d'endettement des citoyens.

Il arrive parfois que le pronom **nous** soit mis pour **je** et ne renvoie donc qu'à une seule personne. C'est le **nous de modestie**. Dans un tel emploi, le verbe s'écrit bien sûr au pluriel, mais l'adjectif ou le participe qui l'accompagne se met au masculin singulier ou au féminin singulier, selon qu'il s'agit d'un homme ou d'une femme.

Par exemple, dans la préface d'un livre, l'auteure précise :

– Nous sommes convaincue que les corrections et les ajouts apportés à la troisième édition réjouiront nos lecteurs et lectrices.

Également, dans un document écrit, lorsque quelqu'un parle en son nom personnel :

– Nous sommes persuadé du bien-fondé de cette démarche.

Il est à noter que lorsqu'on parle au nom d'une société, d'une entreprise, d'une corporation, d'une association, etc. (c'est-à-dire au nom d'une personne morale), le **nous** entraîne généralement l'accord au pluriel.

– Nous avons été amenés à refuser sa candidature.

– Nous vous serions très obligés de nous fournir ces renseignements dans les plus brefs délais.

Participe passé conjugué avec avoir

Le participe passé des verbes conjugués avec avoir s'accorde en genre et en nombre avec le complément d'objet direct (c. o. d.) qui le précède. Voilà la règle de base à retenir.

Rappelons que le complément d'objet direct se rattache au verbe sans l'intermédiaire d'une préposition. Pour trouver le c. o. d., on répond à la question **qui** ? ou **quoi** ?

– Jean a écrit une lettre.
– Jean a écrit quoi ? Une lettre. Lettre est le c. o. d. du verbe écrire.

Il découle de la règle énoncée ci-dessus que s'il n'y a pas de c. o. d. ou que si le c. o. d. suit le participe passé, ce dernier demeure invariable, c'est-à-dire qu'il reste au masculin singulier. Il est bon de savoir que le c. o. d. placé avant le participe est presque toujours un pronom relatif (**que** dans le premier exemple qui suit) ou un pronom personnel (**les** dans le deuxième).

– Voici les documents que vous avez demandés.
– Ces documents, je les ai consultés hier.

– Quels documents ont-ils révisés ?

– Ils nous ont déjà envoyé ces documents.

– Ces documents ont disparu.

Dans les trois premiers exemples, le c. o. d. est placé avant le participe. Dans le quatrième, il suit le participe et dans le dernier, il n'y en a pas.

Signalons que le participe passé qui a pour c. o. d. le pronom **en** ou le pronom neutre **l'** demeure invariable. Il en va de même du participe passé des **verbes impersonnels**.

– J'ai fait plus d'appels téléphoniques que j'en ai reçu.

– La situation des finances publiques est plus alarmante qu'ils ne l'ont affirmé.

– La fête qu'il y a eu a été des plus réussies.

Participe passé conjugué avec être

Le participe passé employé avec être s'accorde en genre et en nombre avec le sujet du verbe. Mais encore faut-il se rappeler la conjugaison du verbe être et reconnaître les cas où le verbe et le sujet sont inversés. Voici quelques exemples de participes passés employés avec être.

– Des caméscopes haut de gamme seront offerts en prix.

– Chaque entreprise et chaque organisme sont invités à participer à la Semaine du français.

– Ils ont été étonnés de l'intervention de la mairesse et de cette conseillère municipale.

– Auraient-ils vraiment été congédiés ?

– Il demande que des modifications soient apportées à ce devis dans les plus brefs délais.

– Ayant été libérées de leurs tâches habituelles, elles pourront se consacrer à ce nouveau projet.

– Elle est heureuse d'avoir été traitée avec respect.

– Étant arrivées en retard, elles ont raté le discours du président.

– C'est dans le coffre de l'auto qu'auraient été trouvés les objets volés.

– Dans quelques mois vous seront confiées de plus grandes responsabilités.
– Ils ont demandé à être consultés à ce sujet.
– Soyez assurées, Mesdames, de notre entière collaboration.

Participe passé des verbes pronominaux

Un verbe est dit pronominal lorsqu'il est accompagné d'un pronom conjoint (me, te, se, nous, vous) qui représente la même personne que le sujet.

– Paul se lave.

Le pronom conjoint peut jouer le rôle de complément d'objet direct ou de complément d'objet indirect, ou peut n'avoir aucune fonction précise.

– Je me rase (je rase moi-même).
– Tu te nuis (tu nuis à toi-même).
– Elle se souvient.

On **fera l'accord du participe passé avec le sujet du verbe** lorsque le pronom conjoint n'a pas de sens précis et est en quelque sorte soudé au verbe. C'est le cas des verbes :

1. Essentiellement pronominaux
   Il s'agit de verbes qui ne peuvent s'employer sans le pronom conjoint.

– Elles se sont enfuies à toute vitesse.
   (Le verbe « enfuir » n'existe pas.)

2. Subjectifs ou agglutinés
   Ces verbes peuvent s'employer sans le pronom conjoint, mais en devenant pronominaux, leur sens change quelque peu.

– Elles se sont attaquées à la tâche avec conviction.

On reconnaît un verbe pronominal subjectif lorsqu'il est impossible de remplacer le pronom conjoint par un autre pronom. On ne pourrait dire :

– Elles *m*'ont attaqué à la tâche avec conviction.

3. Pronominaux à sens passif

– Ces articles se sont bien vendus.

Dans tous les autres cas, on traite le participe passé comme s'il était conjugué avec l'auxiliaire avoir. Le participe **s'accorde en genre et en nombre avec le complément d'objet direct** (c. o. d.) si ce dernier précède le verbe. Sinon, le participe demeure invariable.

- Les normes que je me suis imposées.
  (J'ai imposé les normes à qui? à moi-même. J'ai imposé quoi? les normes. Le c. o. d. est placé avant : le participe s'accorde avec ce dernier.)

- Ils se sont rappelé les directives en vigueur.
  (Ils ont rappelé les directives à qui? à eux-mêmes. Ils ont rappelé quoi? les directives. Le c. o. d. est placé après : le participe reste invariable.)

- Nous nous sommes écrit régulièrement l'an dernier.
  (Nous avons écrit à qui? à nous. Nous avons écrit quoi? Il n'y a pas de c. o. d. : le participe passé reste invariable.)

Pour vous aider à résoudre les difficultés d'accord du participe passé des verbes pronominaux, certains grammairiens proposent, quel que soit le verbe pronominal, de remplacer mentalement l'auxiliaire être par l'auxiliaire avoir et de poser la question **à qui?** ou **pour qui?** Si vous n'obtenez pas de réponse à votre question (ou si la question elle-même paraît insolite), faites l'accord du participe avec le sujet du verbe.

- Elles se sont souvenues de leur enfance.
  (Elles ont souvenu à qui? pour qui? Réponse nulle.)

- Elles se sont aperçues de leur erreur.
  (Elles ont aperçu à qui? pour qui? Réponse nulle.)

- La hausse des prix s'est accentuée dernièrement.
  (La hausse des prix a accentué à qui? pour qui? Réponse nulle.)

Dans le cas où vous obtenez une réponse à la question à qui? ou pour qui?, appliquez la règle d'accord du participe passé conjugué avec l'auxiliaire avoir.

Signalons enfin – toute règle a ses exceptions – que le participe passé des verbes se rire, se plaire, se déplaire, se complaire et se rendre compte reste invariable. Pour les verbes s'arroger, se figurer et s'imaginer, l'accord se fait avec le c. o. d. si celui-ci est placé avant le verbe.

Participe passé suivi d'un infinitif

– Les dactylos que j'ai vues arriver.
– Elle s'est sentie défaillir sous le choc.
– Les machines à écrire que j'ai vu démolir.
– Ils se sont vu condamner à de fortes amendes.

Pourquoi fait-on l'accord du participe passé dans les deux premiers exemples, et pas dans les deux derniers ?

Pour résoudre sans trop d'hésitation cette petite difficulté, il s'agit de se rappeler que l'accord du participe passé suivi d'un verbe à l'infinitif est soumis à deux conditions :

1. Le participe passé s'accorde en genre et en nombre avec le complément d'objet direct si ce dernier est placé avant le verbe.

2. De plus, le complément d'objet direct, placé avant le verbe, doit faire ou accomplir l'action exprimée par l'infinitif.

Ces deux conditions s'appliquent aussi bien aux **participes passés conjugués avec l'auxiliaire avoir** qu'aux **participes passés des verbes pronominaux**.

Dans les deux premiers exemples, les compléments d'objet direct **que** et **s'** (mis pour dactylos et elle) satisfont aux exigences.

– J'ai vu qui ? les dactylos qui arrivaient.
– Elle a senti qui ? elle-même qui défaillait.

Dans les deux derniers exemples, les compléments d'objet direct **que** et **se** (mis pour machines à écrire et ils), bien que placés avant le verbe, ne font pas l'action exprimée par l'infinitif.

– J'ai vu quoi ? les machines à écrire que l'on démolissait.
(Ce ne sont pas les machines qui démolissaient.)

– Ils ont vu qui ? eux-mêmes que l'on condamnait. (Ce n'est pas eux qui faisaient l'action de condamner.)

Participe présent et adjectif verbal

On éprouve souvent de la difficulté à déterminer si un mot se terminant par le son « an » est le participe présent d'un verbe (donc invariable) ou un adjectif verbal terminé par -ant ou par -ent (variable).

– J'ai des patrons exigeant une grande ponctualité.
– J'ai des patrons exigeants.

C'est toujours d'un participe présent qu'il s'agit lorsque le mot est :

1. précédé ou pourrait être précédé de en ;

   – Ils sortirent de la réunion en riant.
   – (En) Espérant que le tout vous donnera satisfaction...

2. accompagné (ou pourrait être accompagné dans le contexte) d'un complément direct ou indirect ;

   – Surmontant sa gêne, il prit la parole.
   – Les personnes adhérant à ce syndicat feront la grève.

3. accompagné de la négation ne ou ne... pas ;

   – Cette employée a été congédiée, ne satisfaisant pas aux exigences.

4. suivi d'un complément circonstanciel faisant corps pour le sens avec le mot en -ant.

   – Les infirmiers résidant en banlieue ne sont pas admissibles à ce poste.

Si, en règle générale, l'orthographe des participes présents et des adjectifs verbaux est la même, il faut toutefois apporter une attention toute spéciale à certains d'entre eux dont la graphie diffère. L'usage du dictionnaire est dans ce cas indispensable.

Voici un tableau des principales anomalies que nous avons relevées.

Participe présent	Adjectif verbal
adhérant	adhérent
communiquant	communicant
convainquant	convaincant
convergeant	convergent
différant	différent
équivalant	équivalent
excédant	excédent
excellant	excellent
fatiguant	fatigant
influant	influent
intriguant	intrigant
naviguant	navigant
négligeant	négligent
précédant	précédent
somnolant	somnolent
suffoquant	suffocant
vaquant	vacant
zigzaguant	zigzagant

Pas de (Voir Nombre du complément...)

Périodicité

Pour indiquer la périodicité (ou la durée), le français met à notre disposition un certain nombre d'adjectifs. Les mots de la liste de gauche signifient : **qui a lieu** ou **qui se produit**...

quotidien	une fois par jour
biquotidien	deux fois par jour
hebdomadaire	une fois par semaine
bihebdomadaire	deux fois par semaine
trihebdomadaire	trois fois par semaine
mensuel	une fois par mois
bimensuel	deux fois par mois
bimestriel	une fois tous les deux mois
trimensuel	trois fois par mois

trimestriel	une fois tous les trois mois
quadrimestriel	une fois tous les quatre mois
semestriel	une fois tous les six mois
annuel*	une fois par an
biennal*	une fois tous les deux ans
bisannuel	une fois tous les deux ans
triennal*	une fois tous les trois ans
trisannuel	une fois tous les trois ans
quadriennal*	une fois tous les quatre ans
quinquennal*	une fois tous les cinq ans
sexennal*	une fois tous les six ans
septennal*	une fois tous les sept ans
octennal*	une fois tous les huit ans
novennal*	une fois tous les neuf ans
décennal*	une fois tous les dix ans

Par extension, le terme **bimensuel** est parfois pris au sens de « qui se produit toutes les deux semaines ». Dans le contexte scolaire, le terme **trimestriel** correspond souvent à une période de quatre mois.

* Notez que certains adjectifs peuvent exprimer à la fois la périodicité et la durée. Ainsi, annuel signifie « ce qui se produit une fois par an » ou « ce qui dure un an ».

Plus de (Voir Nombre du complément...)

Poinçon et poinçonneuse

L'appareil qui enregistre les heures de travail du personnel s'appelle, selon le cas, **horodateur**, **horloge pointeuse**, **totalisateur**, **totaliseur** ou **compteur**. L'emploi de *poinçonneuse* ou même de *poinçon* dans ce sens est incorrect. La **poinçonneuse** est une pince spéciale servant à perforer un ticket pour indiquer qu'il a été employé ou contrôlé. À l'usine, il s'agit d'une machine-outil munie d'une tige de métal servant à percer ou à graver divers matériaux de haute dureté.

Points cardinaux

Les mots est, ouest, sud, nord ainsi que leurs composés (sud-ouest, nord-est, etc.) s'écrivent en minuscules lorsqu'ils indiquent une direction.

– Québec est situé à l'est d'Ottawa.
– Les terres de la rive sud du Saint-Laurent sont très fertiles.
– Elle possède une maison au nord de Montréal.
– Les échanges commerciaux suivent un axe nord-sud.

Ils prennent la majuscule lorsqu'ils sont rattachés à une voie de communication, font partie d'un toponyme ou désignent une région.

– Elle habite au 50 de la rue des Grandes-Fourches Nord.
– Authier-Nord et Bolton-Ouest sont des municipalités situées respectivement en Abitibi-Témiscamingue et en Estrie.
– L'exploitation forestière est importante dans l'Ouest québécois.

Ponctuation (Voir Virgule)

Possible

L'adjectif **possible** demeure-t-il invariable lorsqu'il se rapporte à un nom pluriel? C'est là une question qui nous ennuie parfois.

On peut retenir que possible ne s'accorde pas ou demeure invariable quand il accompagne les superlatifs le plus, les plus, le moins, les moins, etc.

– Envoyez-moi le plus de livres possible.
– Faites le moins d'erreurs possible.

Dans tous les autres cas, l'adjectif possible s'accorde normalement.

– Voici les diverses solutions possibles.
– Il a fait toutes les sottises possibles.

Pourcentage (Voir Accord du verbe...)

Pour fins de[10]

Le mot **fin** précédé d'un déterminatif sert à former de nombreuses expressions : à toutes fins utiles, à seule fin de, à d'autres fins, à cette fin, à quelle fin.

L'expression **aux fins de** ne doit pas être remplacée par *pour fins de*. En effet, c'est la préposition **à**, présente dans l'article défini contracté **aux**, qui accompagne usuellement le nom commun **fin**, employé dans le sens de but, d'intention.

Si l'on est parfois tenté de remplacer le **aux** par un **pour**, c'est qu'effectivement on peut très souvent remplacer toute l'expression aux fins de par la simple préposition pour : ainsi, on parle d'immeubles qui sont utilisés **aux fins de** ou **pour** l'enseignement secondaire.

De la même façon, on dira plutôt : demander un reçu pour déclaration fiscale ou comme justificatif fiscal et non *pour fins de déclaration fiscale* ni, d'ailleurs, *pour fins d'impôt*.

Il est parfois préférable de changer une partie de la phrase.

– Voici un établissement qui peut recevoir des subventions...
et non
– *Voici un établissement reconnu pour fins de subventions...*

Préfixes et traits d'union

Le tableau qui suit présente un certain nombre de mots formés à l'aide de préfixes. Ces exemples, extraits de l'édition 1994 du *Petit Larousse illustré*, montrent bien la tendance actuelle à supprimer le trait d'union et à souder le préfixe au radical. Il va de soi qu'une vérification dans le dictionnaire demeure nécessaire, puisque le sens du mot composé, la rencontre de deux voyelles ou de deux consonnes imposent parfois le trait d'union.

---

10. *Ibid.*, p. 41

Préfixes	Exemples	Exceptions diverses
anti-	antialcoolisme antipollution	anti-inflammatoire anti-sous-marin
audio-	audiodisque audiovisuel	audio-oral
bi-/bio-	biénergie biodégradable bioénergie	bio-industrie
co-	coacquéreur coauteur coïnculpé colocataire	
électro-	électroaimant électroménager	électro-osmose
hydro-	hydroélectricité hydrothérapie	
inter-	interaction interentreprises interrégional interrelation*	
intra-	intraoculaire intramusculaire	intra-atomique intra-utérin
micro-	microanalyse microélectronique microprocesseur	micro-informatique micro-intervalle micro-ondes micro-ordinateur micro-organisme

post-	postindustriel postopératoire postcombustion	post-partum post-scriptum post-test*
pré-	préavis préencollé préétabli prélavage	
télé-	téléachat téléécriture télésiège	télé-enseignement

* Ces mots figurent au *Grand Larousse universel*.

Prépositions (Voir Répétition des...)

Prioriser, priorisation

Prioriser et *priorisation* sont deux termes calqués sur l'anglais *to prioritize*, dont le français peut fort bien se passer.

Si l'on veut émettre l'idée que l'on « classe des choses abstraites ou encore des notions en fonction de l'importance ou de la valeur qu'on leur attribue », on peut utiliser, selon le contexte, l'un ou l'autre des verbes suivants :

– hiérarchiser,
– ordonner,
– donner ou accorder la priorité,
– privilégier,
– établir des priorités.

Par ailleurs, le français met à notre disposition les noms **hiérarchisation, ordonnancement, planification**, lorsqu'on désire établir un ordre de priorité pour un certain nombre de tâches, d'activités ou d'objectifs.

Proposition relative

La proposition relative est une proposition subordonnée introduite par un pronom relatif (qui, que, où, etc.). On distingue traditionnellement les relatives **déterminatives** et les relatives **explicatives**.

La relative déterminative est une proposition essentielle au sens de la phrase ; elle n'est ni précédée ni suivie d'une virgule.

– La lettre que je vous ai envoyée hier doit demeurer confidentielle.
(Il s'agit de la lettre que je vous ai envoyée hier, pas d'une autre.)

Au contraire, la proposition relative explicative ne fait qu'apporter une explication, un commentaire, que l'on peut supprimer sans nuire au sens fondamental de la phrase. En règle générale, la relative explicative est précédée d'une virgule ; lorsqu'elle est intercalée, elle est placée entre deux virgules.

– Votre rapport, que j'ai lu avec beaucoup d'intérêt, présente des solutions pertinentes.
(La relative explicative constitue un commentaire.)

Il faut donc, afin d'éviter tout contresens, bien distinguer et ponctuer correctement ces types de propositions. Comparez les deux phrases qui suivent.

– Les dactylos qui ont plus de deux ans d'ancienneté ont repris le travail.
– Les dactylos, qui ont plus de deux ans d'ancienneté, ont repris le travail.

Dans la première phrase (relative déterminative), l'auteur veut signifier que seules les dactylos ayant deux ans d'ancienneté reprennent le travail.

Dans la seconde (relative explicative), toutes les dactylos reprennent le travail. L'auteur apporte de plus un commentaire intéressant, à savoir que l'ensemble des dactylos compte plus de deux années de service.

Protocole téléphonique

L'importance des communications téléphoniques, dans une société comme la nôtre, n'est plus à démontrer. Non seulement le téléphone fait partie de notre vie quotidienne, mais il est devenu un outil indispensable, tant pour les personnes que pour les entreprises et les organismes. Voici donc quelques conseils pratiques et quelques formules utiles.

Dans le cas d'un établissement, les téléphonistes doivent donner le nom de l'établissement, de la direction, du service, etc. :

- Bureau de traduction Leblond ;
- Ici le Laboratoire NOUBAB ;
- Office de la langue française, Direction des communications ;
- Société Norima, à votre service.

La personne qui répond peut également se nommer, après avoir précisé le nom de son service, de son bureau, etc. :

- Service des finances, ici Luc Francœur ;
- Jacques Mercier, Service des achats ;
- Ici le bureau du président, Lise Turcotte à l'appareil.

Notez bien qu'il est inutile et incorrect d'ajouter *bonjour* à ces mentions ; de même, on ne s'annonce pas par *Monsieur...,
Madame...,* ni par *Mon nom est...* (Voir **De la part de qui ?** ;
Voir **Gardez la ligne**)

Quand et quant

Quand et **quant** : deux mots qu'il faut distinguer selon les contextes.

On écrira quand avec un **d** si on peut le remplacer, compte tenu de la phrase, par **à quel moment, lorsque, même si**.

- Quand viendrez-vous ? (À quel moment...)
- Quand je serai grand, je serai policier. (Lorsque...)
- Quand tu nous dirais que tu es riche, nous ne te croirions pas. (Même si tu nous disais...)

Et dans l'expression **quand même** :

– Il est venu quand même.

D'autre part, on écrira quant avec un **t** lorsqu'il est suivi de **à**, **au**, **aux**.

– Quant à moi, je resterai ici.
– Quant au fait de reprendre ce travail, il n'en est pas question.
– Quant aux comptes en souffrance...

Quel, quelle, quels, quelles et qu'elle, qu'elles

Quand faut-il écrire **quelle** ou **qu'elle** ?

On écrira **qu'elle** (ou qu'elles) en deux mots quand on peut les remplacer par **qu'il** (ou qu'ils). Dans tous les autres cas, employez **quel**, **quelle**, **quels**, **quelles**, adjectifs exclamatifs ou interrogatifs qui s'accordent en genre et en nombre avec le nom auquel ils se rapportent.

– Attendez qu'elle parte ! (... qu'il parte !)
– Les rapports qu'elles ont lus étaient fort intéressants. (... qu'ils ont lus...)
– Qu'elles m'ennuient ! (Qu'ils m'ennuient !)
– Quel beau cadeau !
– Quelle est votre opinion ?
– Quels livres avez-vous lus ?
– Quelles étaient ses fonctions ?

Quelque et quel que

Quelque est adverbe quand il signifie **environ** ou qu'il a le sens de **si**.

– Cet immeuble compte quelque trente étages.
– Quelque rapidement que vous travailliez, vous ne les rattraperez pas.
– Quelque bizarres que soient ces demandes, vous devez y répondre.
– Quelque bons orateurs qu'ils soient, ils ne m'ont pas convaincu.
– Quelque négligée qu'elle soit, elle mérite notre attention.

Dans tous les autres cas, on doit traiter **quelque** comme un **adjectif** et faire les accords qui s'imposent.

1. Quelque a le sens de **plusieurs, un certain nombre de**.

- Il y a encore quelques articles en solde.
- Rappelez-moi dans quelques instants.
- Quelques bons orateurs que j'ai entendus défendaient ce point de vue.
- Si quelques difficultés se présentaient, prévenez-nous.

2. Quelque a le sens de **quelconque, un certain, une certaine**.

- Si quelque difficulté se présentait, prévenez-nous.
- Si quelque retard se produisait, nous vous aviserons.

3. Quelque a le sens de **peu importe le**, **la** ou **les**.

- Quelques offres que vous lui fassiez, il les refusera.
- Quelque récompense que vous receviez, demeurez modeste.

Devant le verbe être, les verbes pouvoir, devoir, même s'ils sont précédés d'un pronom personnel, on écrira **quel que** en deux mots. Quel que a alors le sens de **quelque nature que**, et **quel** s'accorde en genre et en nombre avec le sujet du verbe.

- Quel que soit le groupe d'âge auquel vous appartenez, inscrivez-vous.
- Quelles que puissent être vos raisons, votre refus n'est pas justifiable.
- Quels qu'en soient les résultats, je n'abandonnerai pas.
- Quelle qu'elle soit, je m'engage à accepter sa décision.

Raisons sociales

Il se crée chaque année, au Québec, plusieurs milliers de raisons sociales. Afin d'assurer une certaine uniformité dans l'écriture de celles-ci, nous vous présentons quelques règles de base.

Une raison sociale comporte habituellement deux parties : le **générique** et le **spécifique**. Le générique sert à préciser le genre d'entreprise dont il s'agit et le spécifique sert à distinguer nettement une entreprise d'une autre.

Restaurant   À la bonne fourchette

⌐ générique ⌐   ⌐ spécifique ⌐

Cependant, si le spécifique est en français, il peut constituer à lui seul la raison sociale.

– Aux mille trouvailles
– Sogenag

Dans une raison sociale, le générique précède généralement le spécifique.

– Épicerie Au fin gourmet
– Importations Cosmos

Toutefois, dans les raisons sociales où le générique désigne un métier ou une profession, il doit suivre le spécifique. Il est séparé de ce dernier par une virgule et prend la minuscule initiale.

– Paul Tremblay, électricien
– Chénard et Gagnon, avocates

En ce qui concerne l'utilisation des majuscules, il est bon de se rappeler que l'on ne doit pas en abuser. En plus des mots qui prennent normalement la majuscule (noms de personnes, noms de lieux, etc.), seules la première lettre du générique et la première lettre du spécifique prennent la majuscule, à moins que toute la raison sociale ne soit écrite en majuscules.

– **Entreprise de construction L'ancrage**
– **Matériel de bureau Korex**
– **GARAGE L'ESSENTIEL**

Par ailleurs, il faut éviter d'utiliser l'article défini (le, la, les, l') devant l'élément générique d'une raison sociale.

On écrira donc :

– Hôtel Beauséjour
– Société d'investissement ABC
– Atelier de débosselage Cossette
    et non
– *L'*hôtel Beauséjour

– *La* société d'investissement ABC
– *L'*atelier de débosselage Cossette

Enfin, les mots **limitée, incorporée** et **enregistrée** s'écrivent sous leur forme abrégée : **ltée, inc.** et **enr.** De plus, ils devraient s'écrire en minuscules, sauf lorsque la raison sociale est entièrement en majuscules.

– Cabinet-conseil Excelor inc.
– TRANSPORTS TREMBLAY LTÉE

Si vous désirez connaître ces règles plus en détail, consultez la publication gratuite *Les raisons sociales*, de l'Office de la langue française.

Raisons sociales (Voir Accord du verbe...)

Référer

Curieux verbe que **référer**. Bel et bien français, il ne s'emploie en principe qu'avec la particule **en** ou **à la forme pronominale.**

1. **En référer à** signifie **faire rapport à, en appeler à**, c'est-à-dire soumettre quelque chose à quelqu'un en lui laissant le soin de décider.

– Il devra en référer au juge.
– Elle va en référer au directeur.

2. **Se référer à** est synonyme de **s'en rapporter à, recourir à.** On se réfère aux propos ou aux écrits de quelqu'un si on les prend comme références.

– Je me réfère à votre rapport du 10 mai.
– Elle s'est référée au lexique présenté en annexe.

À l'exception de ces deux constructions, selon le contexte, on substituera notamment au verbe référer les verbes soumettre, adresser, transmettre, envoyer, faire allusion à, se reporter à, etc.

Constructions fautives	Constructions correctes
– Je *réfère* le problème au comité.	– Je soumets, présente, transmets ou confie...
– Il a *référé* ce malade à un spécialiste.	– Il a dirigé, adressé, envoyé...
– Veuillez vous *référer* au responsable.	– Veuillez vous adresser...
– Elle *réfère* à l'accident de l'année dernière.	– Elle fait allusion à...
– Si vous *référez* à la page 3...	– Si vous regardez..., si vous vous reportez à..., si vous consultez...

Relocaliser, relocalisation

Le verbe **localiser** n'a pas tous les sens du verbe anglais *to locate*, et *to relocate* ne se traduit jamais par *relocaliser*, forme qui ne figure pas dans les dictionnaires français. Dans les exemples qui suivent, les mots ou expressions en caractères gras remplacent avantageusement le duo *relocaliser* et *relocalisation*, dont l'influence doit être localisée, c'est-à-dire circonscrite.

– Par suite de l'incendie, des patients ont été **déplacés** d'un étage à l'autre.
– Certains ont été **transportés** dans des hôpitaux voisins; d'autres encore ont été **hébergés** dans un hôtel de la région. **Reloger** toutes ces personnes n'a pas été des plus facile.
– La Société de gestion Abaton ltée **transfère** ses bureaux de Toronto à Montréal.
– Le cabinet des Drs Durango, Guérinoff et Boucher **change d'adresse** et **s'installe** dans le nouveau centre commercial.
– Le ministère des Affaires municipales **emménagera** sous peu dans les locaux de l'ancienne gare.
– Mes Dupont et Dupain désirent vous **faire part de leur nouvelle adresse**.

– Le personnel du Service de liaison sera **muté** ou **reclassé** à la Direction des services à la clientèle.

Renseignement et information

Il n'est pas toujours facile de faire la distinction entre les mots **information** et **renseignement**. On distingue les informations, qui concernent des faits précis d'intérêt général, et les renseignements, qui concernent plutôt des faits généraux d'intérêt particulier.

Ainsi on parle d'un bulletin d'informations, où il est question d'événements bien déterminés qui peuvent intéresser le public, mais d'un bureau de renseignements touristiques, à propos d'un bureau où les touristes se renseignent sur l'hébergement, les restaurants ou le transport public, c'est-à-dire sur des faits généraux, suivant les besoins et les intérêts de chacun.

Là ou l'anglais ne dispose que d'un mot, *information*, le français en a deux. C'est pourquoi il est plus précis de dire que l'on téléphone à tel endroit pour obtenir un renseignement que pour obtenir une *information*, puisque c'est plus l'intérêt particulier que l'intérêt général qui est alors en cause.

Renseignement s'emploie dans des expressions toutes faites, comme pour tout renseignement ou pour tous renseignements (singulier ou pluriel acceptables), pour toute demande de renseignements, pour de plus amples renseignements ou pour plus amples renseignements, pour obtenir des renseignements supplémentaires. On retrouve le mot information (toujours au singulier) dans réunion d'information, agent ou agente d'information, conférences ou séances d'information, bulletins ou journaux d'information.

Enfin, on inscrit la mention **pour information** ou encore **à titre de renseignement** sur un document lorsqu'on veut porter ce document à la connaissance de quelqu'un.

Répétition des prépositions

En règle générale, on répète les prépositions **à**, **de** et **en** devant chaque complément.

- Voici des textes à corriger et à traduire.
- Il parle de tout et de rien.
- C'est en lisant et en écrivant que l'on apprend à rédiger.

Lorsque les compléments forment un tout du point de vue du sens (locutions toutes faites, nombres réunis par ou, etc.), **à, de, en** ne sont pas répétés.

- Ils ont fréquenté l'école des arts et métiers.
- Elles se sont adressées aux étudiants et étudiantes.
- L'accident s'est produit à dix ou quinze mètres du palais de justice.

Quant aux autres prépositions, elles ne sont répétées que lorsqu'on veut mettre en relief chacun des compléments ou s'il y a opposition, ou alternative.

- Ils sont venus pour regarder et admirer ces chefs-d'œuvre.
- Elle a présenté un devoir sans fautes et sans ratures.
- Répondez par oui ou par non.

Résident et résidant

Afin d'uniformiser les différentes orthographes que l'on trouve dans les dictionnaires, l'Office de la langue française recommande d'écrire **résident, résidente** quand le mot est employé comme nom ou comme adjectif pour désigner ou qualifier une personne qui habite ou réside en un lieu donné.

- Les résidents et les résidentes du quartier sud seront appelés à élire un nouveau conseiller municipal.
- On appelle Nord-Côtiers et Nord-Côtières les résidents et résidentes de la Côte-Nord.
- Toutes les résidentes du centre d'accueil ont été invitées à la réunion.
- Les infirmières résidentes organisent un bal de fin d'année.

Par contre, on écrira **résidant** quant il s'agit du participe présent du verbe résider.

- Résidant à l'étranger, ces Canadiens n'ont pas pu voter.
- Les étudiantes résidant à la cité universitaire viennent de tous les coins du monde.

Sans (Voir Nombre du complément...)

Sans objet (Voir Néant...)

Se (Voir Ce...)

Seul, seule

Indifféremment de la place qu'il occupe dans la phrase ou du sens qu'on lui donne, l'adjectif **seul** s'accorde en genre et en nombre avec le nom auquel il se rapporte.

- Un homme seul ne peut faire ce travail.
- Une seule personne peut résoudre ce problème.
- Seule une personne tenace pourrait réussir.
- Seules les directrices recevront une augmentation de salaire.
- Seuls, les enfants s'ennuyaient.
- Les résultats seuls comptent.

Se voir[11]

L'emploi de la locution **se voir** présente deux difficultés :

1. À quel mode doit-on mettre le verbe qui la suit : infinitif ou participe ?

2. Le participe passé **vu** s'accorde-t-il ou non avec le sujet ?

D'une part, on choisit **l'infinitif** quand on veut attirer l'attention sur l'action qui s'exerce, qui est en train de se dérouler.

- Elle s'est vu condamner à une forte amende.

On choisit le **participe** quand on veut insister sur l'état de la personne qui subit l'action.

- Après s'être vu dépassé dans le dernier virage, le coureur a abandonné.

---

11. *Ibid.*, p. 16

D'autre part, **vu** s'accorde avec le sujet lorsqu'il est suivi d'un attribut, d'un adjectif ou d'un participe.

– Elles se sont vues contraintes de partir.

Lorsqu'il est suivi d'un infinitif, **vu** s'accorde avec le sujet si celui-ci est aussi le sujet logique du verbe à l'infinitif ; il est invariable lorsque le sujet est complément d'objet direct de l'infinitif.

– Ils se sont vus dépérir progressivement.
(Ils ont vu eux-mêmes dépérir progressivement.)

– Elles se sont vu remettre une médaille.
(Elles ont vu quelqu'un remettre à elles-mêmes une médaille.)

(Voir **Participe passé suivi d'un infinitif**)

Sigles

Les sigles représentent, sous une forme contractée, des appellations diverses : raisons sociales, dénominations d'organismes, d'établissements ; noms de programmes, de systèmes, de procédés, de produits, de documents, etc.

Les sigles se prononcent de façon alphabétique (HLM) ou syllabique (SIDAC). Ils peuvent comporter uniquement la lettre initiale de chacun des mots d'une appellation (CLSC) ou être le produit d'une combinaison de lettres (REXFOR). Ils s'écrivent normalement en majuscules et ils ne prennent jamais d'accent (REER* plutôt que *REÉR*). L'article qui précède un sigle s'accorde en genre et en nombre avec le nom principal de l'ensemble (le SI, la CECM, les HEC).

Les lettres qui composent un sigle sont parfois suivies d'un point d'abréviation, mais la tendance est plutôt d'omettre ce dernier.

Certains sigles deviennent de véritables noms communs ; ils s'écrivent alors en minuscules, prennent la marque du pluriel (des radars) et sont accentués, le cas échéant (des cégeps).

Enfin, il faut s'assurer que les sigles employés dans un texte soient connus du lecteur. Si tel n'est pas le cas, il importe d'écrire au moins une fois en toutes lettres le groupe de mots que représente le sigle.

- HLM (**h**abitation à **l**oyer **m**odique)
- SIDAC (**S**ociété d'**i**nitiatives et de **d**éveloppement des **ar**tères **c**ommerciales)
- REXFOR (Société de **r**écupération, d'**ex**ploitation et de développement **for**estier)
- SI (**S**ystème **i**nternational des unités)
- CECM (**C**ommission des **é**coles **c**atholiques de **M**ontréal)
- HEC (**H**autes **É**tudes **c**ommerciales)

* La prononciation de REER (**r**égime **e**nregistré d'**é**pargne-**r**etraite) est « ré-ère » et non pas « rire ».

Soit

Distinguons les cas suivants :

1. **Soit**, **soient**, conjugaison du verbe être au subjonctif présent.

- Il faut qu'elle soit présente.
- Quelles que soient les difficultés, vous réussirez.

2. **Soit**, forme figée du verbe être employée comme élément d'introduction, conjonction ou adverbe. Soit est alors invariable.

a) Il introduit une explication et signifie **c'est-à-dire**, **à savoir**.

- Les contribuables paieront la note, soit 5000 $.

b) Il marque l'alternative et équivaut à **ou bien...**, **ou bien...**.

- Je viendrai soit lundi, soit mardi.

c) Il exprime un assentiment.

- Soit, j'annulerai la réunion, puisque vous le demandez.

d) Il présente une hypothèse et a le sens de **supposons**.

- Soit deux droites parallèles A et B...

Dans ce dernier cas, certains auteurs écrivent **soient**. Cet emploi, quoique peu fréquent, n'est pas fautif.

Suite[12]

Une suite est habituellement faite pour être habitée, mais rarement pour y travailler... Le mot **suite** désigne en effet un appartement de plusieurs pièces, pouvant comporter une ou plusieurs chambres, qu'un hôtel de luxe loue à sa clientèle.

Dans un immeuble de bureaux, il n'existe bien entendu ni *suite*, ni *chambre* (de l'anglais *room*), mais uniquement des bureaux ; dans ce cas, le mot **bureau** désigne le lieu de travail du personnel d'une administration ou d'une entreprise, qui peut lui-même comprendre une ou plusieurs pièces, un ou plusieurs bureaux particuliers.

Il ne faut donc pas hésiter à remplacer, dans une adresse, les mots *suite* et *chambre* par le mot bureau. À moins de travailler dans une chambre d'hôtel, ou de loger dans un bureau !

Surtemps[13]

Au terme anglais *overtime* correspond en français **heures supplémentaires** et non pas *surtemps*, qui est un calque, ni *temps supplémentaire*, qui n'appartient pas à la langue du domaine du travail.

Il s'agit, rappelons-le, des heures de travail effectuées en sus ou en dehors des heures normales, qui peuvent comporter des majorations de salaire ou d'autres avantages compensatoires et être indemnisées ou compensées.

Sur un comité[14]

S'il est possible de rejeter la faute **sur** un comité, de compter **sur** un comité, il est impossible de siéger *sur* un comité ni, à

---

12. *Ibid.*, p. 20, 37
13. *Ibid.*, p. 29
14. *Ibid.*, p. 47

plus forte raison, d'*être sur lui*! Par contre, il est acceptable de dire que l'on en fait partie, que l'on en est membre ou, lorsque c'est le cas, que l'on est nommé, que l'on siège au comité de direction.

Symbole du dollar

Le symbole de l'unité monétaire, $ dans le cas du dollar, se place à la droite de la partie numérique, sur la même ligne, et en est séparé par un espacement simple; le nom abrégé du pays peut être ajouté, au besoin.

    – 75,50 $
    – 75 $ CA

Dans les documents administratifs, les sommes inférieures à un dollar se notent au moyen du signe décimal, c'est-à-dire de la virgule, précédé d'un zéro.

    – 0,89 $

Pour marquer la séparation des nombres en tranches de trois chiffres, on n'utilise ni point, ni virgule, mais un espace de largeur inférieure ou égale à celle d'un chiffre courant; cette séparation n'est cependant pas nécessaire si le nombre, entier ou composé de décimales, ne comprend pas plus de quatre chiffres.

    – 22 653
    – 4560
    – 0,8728

Symboles (Voir Esperluette...)

Talon de chèque

On se demande souvent comment s'appelle la partie détachable d'un chèque de paye sur laquelle figurent notamment le salaire brut, les retenues salariales et le salaire net. Il s'agit du **bulletin de paye** ou de la **fiche de paye** (ou paie).

Il ne faut pas confondre ce document avec le **talon de chèque**, c'est-à-dire la partie du chéquier qui demeure fixée au carnet après que l'on en a détaché le chèque. Le talon reproduit habituellement les mentions qui figurent sur le chèque et peut servir d'attestation.

Télécopie, télécopier, télécopieur

Le terme **télécopie** désigne une forme de télécommunication ayant pour objet la reproduction à distance de documents graphiques. Les appareils de bureau qui servent à transmettre de tels documents par ligne téléphonique ordinaire s'appellent des **télécopieurs**. Mentionnons l'ancêtre du télécopieur moderne, le bélinographe, inventé au début du siècle par Édouard Belin et conçu pour la transmission de photographies.

Quant à l'appellation *fax*, il s'agit d'une forme abrégée en usage en anglais.

Téléphone (Voir Protocole téléphonique)

Tel et tel que

On hésite souvent quant à l'accord des mots **tel** et **tel que**.

Tel, **employé seul**, s'accorde avec le ou les noms (ou pronoms) qui suivent.

- Tels sont les propos tenus par notre délégué syndical.
(Tels s'accorde avec le nom **propos**, masculin pluriel.)

- Je vous ai fait parvenir tous les documents importants, tels les procès-verbaux, rapports d'analyse, lettres de recommandation, etc.
(Tels s'accorde avec les noms **procès-verbaux, rapports d'analyse, lettres de recommandation**; le masculin l'emporte sur le féminin.)

- Telles sont celles que nous avons choisies.
(Telles s'accorde avec le pronom **celles**, féminin pluriel.)

Lorsque **tel** est employé avec **que**, formant la locution **tel que**, il s'accorde avec le nom (ou pronom) auquel il se rapporte.

- Tous les commerces tels qu'épiceries et cordonneries sont fermés le dimanche.
  (Tels s'accorde avec le nom **commerces**, nom masculin pluriel.)
- Ces livres, je vous les remets tels que vous me les aviez prêtés.
  (Tels se rapporte à **les** remplaçant **livres**, nom masculin pluriel.)
- Telles que je les ai reçues, ces marchandises sont inutilisables.
  (Telles se rapporte à **marchandises**, nom féminin pluriel.)

L'expression tel que est de préférence suivie d'une proposition complète avec verbe.

- Cette décision, telle qu'elle a été formulée, ne me semble pas justifiée.

Toutefois, on tolère également l'ellipse du sujet et de la forme personnelle du verbe.

- Cette décision, telle que formulée dans le procès-verbal, ne me semble pas justifiée.
  (Telle se rapporte à **décision**, nom féminin singulier.)

La locution tel que est fautive lorsque **tel** ne peut être rattaché à un nom ou à un pronom, mais se rapporte à toute une proposition. Dans ce cas, il faut remplacer tel que par **comme, ainsi que**.

On n'écrira donc pas :

- *Tel que convenu*, je vous fais parvenir notre brochure publicitaire.
  (Tel ne peut ici être rattaché à un nom ou à un pronom : il se rapporte à toute la proposition **je vous fais parvenir notre brochure publicitaire.**)
- La réunion aura lieu jeudi, *tel que* je vous l'ai dit.
  (Tel se rapporte à toute la proposition **La réunion aura lieu jeudi.**)

Il faudrait donc écrire :

– Comme convenu...
– Ainsi que nous en avons convenu...
– ... comme (ou ainsi que) je vous l'ai dit.

Textes (Voir Féminisation...)

Titres (Voir Féminisation... ; Majuscules ; Appellations d'emploi)

Tout

1. Tout adjectif et pronom

L'**adjectif indéfini tout** s'accorde avec le nom ou le pronom auquel il se rapporte.

– Toutes vos demandes ont été acceptées.
– Tous ceux qui viendront recevront un permis.

Dans une énumération, on évitera les formulations telles que *toutes factures, colis, étiquettes, etc.,* puisque *toutes* ne peut convenir à l'ensemble des noms énumérés. Il faut plutôt répéter **tout, toute** devant chaque nom.

– Tout carton, tout colis, toute facture, etc., fera ou feront l'objet d'une vérification.

Dans les expressions du type : « Nous sommes à votre disposition pour tout renseignement complémentaire » ou « Veuillez nous faire parvenir tout document relatif à cette question », **tout** est **adjectif** et s'écrit généralement au singulier et sans article, puisqu'il a le sens de **chaque, n'importe quel, toute espèce de**.

On pourrait également écrire :

– Nous demeurons à votre disposition pour tous les renseignements complémentaires dont vous auriez besoin.

– Veuillez nous faire parvenir tous les documents relatifs à cette question.

Quant au **pronom indéfini tout**, il prend le genre et le nombre du pronom ou du nom qu'il remplace ou sous-entend.

- Voici la liste des propositions : toutes feront l'objet d'une étude ultérieure.

Le pronom indéfini tout reste invariable lorsqu'il a une valeur neutre et signifie **toute chose**.

- Tout n'est pas bon à dire.

2. Tout adverbe

L'**adverbe tout** demeure, en principe, invariable ; il signifie **complètement, entièrement, tout à fait** (ou **si** dans l'expression tout... que).

- Elle a eu l'air tout étonnée de cette remarque.
- Ils se sont montrés tout disposés à se conformer au règlement.
- Vos tout dévoués.
- Tout compétents qu'ils étaient, ils ont échoué.

Toutefois, l'adverbe tout s'accorde exceptionnellement en genre et en nombre lorsqu'il est suivi d'un adjectif féminin commençant par une consonne ou par un h aspiré.

- Vos toutes dévouées.
- Elle a été toute honteuse de sa mésaventure.

3. Tout suivi de autre

Tout suivi de autre est adverbe quand il signifie **complètement** ; il est adjectif et s'accorde avec le nom qui suit lorsqu'il signifie **chaque, n'importe quel.**

- Cette proposition avait l'air intéressante, mais elle s'est révélée tout autre après une étude approfondie.
- Toute autre proposition sera appréciée.

4. Tout employé comme nom

Tout employé comme nom s'accorde au pluriel comme tout autre nom.

- Ces différentes propositions forment deux touts distincts.

Traits d'union (Voir Préfixes...)

Tranche et brocheuse

Malgré l'usage que nous faisons spontanément des mots **tranche** et **brocheuse**, il faut se rappeler qu'ils ne désignent pas des articles de bureau. Outre les sens usuels que nous connaissons de tranche, ce terme dénomme aussi la partie des feuillets d'un livre qui est tranchée pour présenter une surface unie. L'article de bureau fait d'un plateau de coupe et d'un bras articulé muni d'une lame tranchante s'appelle un **massicot**, non une *tranche*.

De même, **brocheuse** s'applique à une machine industrielle utilisée dans le domaine de la reliure. Pour ce qui est du petit article de bureau servant à agrafer des feuilles, il se nomme tout simplement **agrafeuse**, non *brocheuse*.

Varia

Varia désigne un article ou un reportage sur des sujets variés et souvent anecdotiques. On utilise également ce mot pour parler d'extraits variés d'un auteur, d'écrits relatifs à une même question.

En aucun cas, on ne doit l'employer dans un procès-verbal ou dans un compte rendu de réunion comme point à l'ordre du jour. On utilisera plutôt l'une ou l'autre des expressions suivantes : **Questions diverses, Divers**.

Verbatim

En français, c'est bel et bien le mot **transcription** que l'on utilise pour désigner l'action de reproduire mot à mot, par écrit, les paroles enregistrées sur bande magnétique ou prises en dictée à l'aide de la sténographie (ou le résultat de cette action). On se gardera donc d'employer le mot latin *verbatim* en usage en anglais pour exprimer cette réalité. *Verbatim* ne doit pas non plus être utilisé à la place de procès-verbal, de rapport ou de compte rendu sténographié.

Verbe (Voir Accord du verbe...)

Virgule

La virgule sert à séparer des mots de même fonction ou à encadrer des éléments semblables. Il est des cas où la virgule est obligatoire; d'autres où son emploi relève de l'intention, du style de celle ou celui qui écrit.

1. Règle générale

On **ne sépare pas les éléments fondamentaux d'une phrase** lorsque ceux-ci se présentent dans l'ordre habituel : sujet, verbe, complément d'objet, complément circonstanciel.

- Claire s'entraîne.
- Paul vendra son chalet à sa voisine le 1er mai 1995.
- Toute personne qui veut renouveler son permis de pêche devra remplir le nouveau formulaire avant le 10 du mois courant.

2. Inversion, enchâssement, juxtaposition

Par contre, dans la phrase simple comme dans la phrase complexe (plusieurs propositions), la virgule **s'emploie lorsqu'on modifie l'ordre habituel** des éléments : sujet, verbe, complément; proposition principale, proposition subordonnée, etc. En principe, on mettra donc une virgule dans les cas d'inversion et d'enchâssement; on fera de même pour les juxtapositions.

a) Inversion

- **Au cours de cette rencontre**, les artistes peintres ont manifesté leur mécontentement. (Inversion du complément circonstanciel)

- **Dès que nous aurons terminé la rédaction des ententes-cadres**, nous vous enverrons une copie du document. (Inversion de la subordonnée circonstancielle)

b) Enchâssement (apostrophe, apposition, proposition incise, etc.)

- Recevez, **Monsieur le Vice-Président**, l'expression de nos sentiments distingués. (Apostrophe)

- La directrice des travaux publics, **communicatrice de grand talent**, a répondu à toutes les questions des résidents du quartier. (Apposition)

- Je vois, **dit-il**, que votre coopérative est en plein essor. (Incise)

c) Juxtaposition

On appelle juxtaposition le fait que des mots, des locutions ou des propositions soient écrits les uns à la suite des autres sans être reliés par une conjonction.

- Le micro-ordinateur, le photocopieur, le télécopieur ont transformé le travail, les habitudes et la mentalité du personnel de bureau.
- Les matériaux plastiques sont plus légers, résistent mieux au vieillissement et permettent une simplification des techniques de construction des immeubles.

Il va sans dire que ces règles doivent être interprétées avec nuance. Voici quelques cas d'inversion du complément circonstanciel où la virgule n'est pas obligatoire :

• Lorsque le complément circonstanciel est placé entre le verbe et le complément d'objet ou entre le verbe et l'attribut.

- Vous trouverez **à cet endroit** tous les produits de nettoyage que vous désirez.
- Elles ont reçu **au cours de la semaine** de nombreuses demandes d'annulation.
- Elle paraissait **à cette heure tardive** fraîche et dispose.

Il faut cependant, dans ce contexte, encadrer de virgules des compléments circonstanciels qui se suivent.

- Elle paraissait, **à cette heure tardive, malgré son âge**, fraîche et dispose.

• Lorsque le complément circonstanciel placé en tête de phrase est suivi du verbe et du sujet inversé.

- À l'extrémité ouest de l'usine **s'élève une cheminée** des plus imposantes.

- Ici **commence le Grand Nord** canadien.
- Ainsi **soit-il.**

3. Conjonctions et locutions conjonctives

L'emploi de la virgule devant certaines conjonctions et locutions conjonctives relève très souvent de la stylistique.

a) Les conjonctions **et, ou, ni** ne sont pas normalement précédées d'une virgule.

- Il dort et il mange beaucoup.
- Profiterez-vous des soldes d'automne ou attendrez-vous au printemps?
- Il n'a ni participé au projet ni manifesté un quelconque intérêt.

On trouve cependant une virgule devant ces mêmes conjonctions lorsqu'elles marquent une idée d'opposition, de conséquence, de surprise ou si l'on veut mettre en relief un des éléments coordonnés.

- Ils ont réussi, et non échoué.
- Elle l'a écoutée, et s'est sentie rassurée.
- L'homme propose, et Dieu dispose.
- Sa ténacité, ou son entêtement, a porté des fruits.
- Vous signalez, et avec raison, un problème important.
- Ou vous vous soumettez, ou vous vous démettez.

Il est également possible d'employer la virgule lorsque les sujets des propositions coordonnées sont différents.

- Nous pensons que vous devriez créer un cercle de qualité, et cela vous permettrait de réaffirmer votre rôle de chef de file.
- Paul s'intéresse aux langues vivantes et à la musique, et Marie aime beaucoup les voyages.

b) On met une virgule entre les éléments coordonnés par une conjonction de coordination autre que **et, ou, ni.**

- Elle ne viendra pas, car je crois qu'elle est très occupée.
- Ils tenteront de rendre publics les résultats de l'enquête, mais la tâche sera ardue.
- Les contribuables paieront la note, soit 500 000 $.

Par contre, dans l'exemple qui suit, on omet la virgule parce que les éléments coordonnés sont très courts.

– Elle est colérique mais peu rancunière.

c) Rappelons également le cas où la virgule peut remplacer un ou des mots sous-entendus.

– Vous pensez tout haut ; moi, tout bas. (Mots sous-entendus : je pense)

– Les factures sont expédiées le lundi ; les commandes en retard, le vendredi. (Mots sous-entendus : sont expédiées)

4. Correspondance

Dans le domaine de la correspondance, on **évite de mettre une virgule** :

a) à la fin des lignes d'une adresse ;

– Madame Ivoric Daski
12, route 138
Tadoussac (Québec) G1R 3B2

b) entre le jour et la date ;

– Mardi 10 mai 1994
– Le mardi 10 mai 1994

c) avant les abréviations ltée, enr., inc.

– Animalerie Au poil inc.

3. À propos de la consultation du dictionnaire

Comment se prononce tel mot? Celui-ci peut-il prendre la marque du pluriel? Celui-là s'écrit-il avec ou sans trait d'union? Tel mot est-il synonyme de tel autre? Comment se conjugue ce verbe? Doit-on faire l'élision de ce mot? Comment trouver réponse à ces questions?

Dans les prochains paragraphes, nous vous proposons une démarche à adopter pour résoudre de telles difficultés. L'objectif visé n'est pas de donner des recettes miracles, mais plutôt d'illustrer les différents éléments d'information que peut contenir un ouvrage de référence, en l'occurrence le *Nouveau Petit Robert*, édition de 1993.

Lire la préface, consulter la table des matières, le tableau des signes et abréviations d'un ouvrage que l'on connaît peu, voilà sans contredit quelques-unes des étapes préalables à une recherche raisonnée et fructueuse.

Catégorie grammaticale

1. Le nom

Les mots sont traditionnellement rangés en classes ou catégories grammaticales. C'est de ce classement que s'inspirent les dictionnaires pour indiquer la nature des mots qui y figurent.

Donnée sous une forme abrégée (**n.** pour nom), l'indication de la catégorie grammaticale suit l'entrée de chaque mot dans le dictionnaire. Dans le cas des noms, elle est généralement suivie d'autres mentions qui précisent son emploi grammatical. Il peut s'agir de l'indication du genre (**m.** pour masculin, **f.** pour féminin), du nombre (**sing.** pour singulier, **pl.** pour pluriel) ou du caractère immuable de l'orthographe du mot (**inv.** pour invariable).

Au mot enfant, par exemple, l'abréviation **n.**, employée seule, signifie qu'il s'agit d'un nom qui n'a pas de genre spécifique. Aussi est-il correct de dire un enfant ou une enfant. L'abréviation **n. f. pl.** (nom féminin pluriel) après le mot funérailles indique

que celui-ci ne s'utilise qu'au pluriel (On ne lui a fait aucunes funérailles).

À hors-d'œuvre, la mention **n. m. inv.** (nom masculin invariable) spécifie que le mot conserve la même orthographe au pluriel et au singulier. Cependant, à jury (**n. m.**), l'absence de l'abréviation **inv.** laisse entendre que le mot fait son pluriel selon la règle générale (jurys).

2. Le verbe

En raison de leur complexité, les verbes font l'objet d'un traitement particulier dans les dictionnaires généraux. En effet, outre l'indication de la catégorie grammaticale (abrégée par **v.**), on y trouve d'autres mentions qui en précisent les différents emplois.

Ainsi, selon les verbes, peuvent figurer les qualificatifs suivants : **tr. dir.** (transitif direct), **tr. indir.** (transitif indirect), **intr.** (intransitif), **pron.** (pronominal) ou **impers.** (impersonnel). Ces mentions sont d'une importance capitale si l'on veut juger du bon emploi d'un verbe. Voyons, à partir de quelques exemples, ce qu'il faut retenir de chacun de ces termes.

- Il perd son temps. (v. tr. dir.)
- Elle parle à son père. (v. tr. indir.)
- Vous arrivez juste à temps. (v. intr.)
- Nous nous soucions de la vérité. (v. pron.)
- Il a fallu qu'il parte. (v. impers.)

Dans les deux premières phrases, les verbes sont dits transitifs parce qu'ils appellent un complément d'objet. Parler est transitif indirect parce que, contrairement à perdre, le complément d'objet (père) est introduit par une préposition (à). Il est à noter qu'un verbe est transitif direct si un élément de la phrase répond aux questions **qui ? quoi ?**, et transitif indirect si un élément répond aux questions **à qui ? à quoi ? de qui ? de quoi ?** Arriver est intransitif parce qu'il n'a pas de complément d'objet. Dans le cas de se soucier, le verbe est accompagné du pronom personnel (nous) représentant le même être que le sujet. Il s'agit donc d'un verbe pronominal. Enfin, falloir est impersonnel parce qu'il ne s'emploie qu'à la troisième personne du singulier.

Bien sûr, un même verbe peut avoir plusieurs emplois. Par exemple, le verbe parler peut être transitif direct, transitif indirect, intransitif ou pronominal.

- Elle parle le français.
- Il parle de la pluie et du beau temps.
- Vous parlez à tort et à travers.
- Nous ne nous parlons plus.

Classement des sens

Le rôle essentiel d'un dictionnaire de langue consiste à donner les sens et les emplois des mots. Ces sens et emplois sont classés selon une méthode qui peut différer d'un ouvrage à l'autre.

Dans le *Nouveau Petit Robert*, les lexicographes ont choisi, en règle générale, de présenter les sens selon un **plan historique** : ils se succèdent dans l'ordre de leur apparition dans la langue. Cependant, lorsque les principaux emplois sont à peu près aussi anciens les uns que les autres, les auteurs ont adopté un **plan logique**, où l'on va d'un sens supposé initial au sens le plus éloigné de celui-ci. Dans certains cas, le dictionnaire donne aussi un classement selon la **forme**. Ainsi, pour les verbes, les emplois transitifs sont séparés des emplois intransitifs, et ces derniers, des emplois pronominaux.

Pour illustrer toutes ces distinctions, le *Nouveau Petit Robert* utilise des chiffres, des lettres et divers signes. Ainsi, lorsque la longueur de l'article le justifie, les sens apparentés ou les formes semblables sont regroupés en grands paragraphes, marqués par un chiffre romain (**I, II, III**...) ou une lettre majuscule (**A, B, C**...). Ces grands paragraphes se divisent à leur tour en numéros (**1, 2, 3**...), lesquels correspondent à un sens ou à un emploi. Enfin, à l'intérieur des numéros, deux signes peuvent être utilisés : le losange (◊) et le tiret (–), pour les nuances de sens et d'emploi.

Pour avoir une idée plus claire de ce mode de classement, voyez l'exemple qui suit.

BIEN ÉCRIRE SON FRANÇAIS

COURIR [kuʀiʀ] v. ⟨11⟩ — *curir* 1080; a remplacé l'a. fr. *courre*, lat. *currere* → **courre**.

I. V. intr. **A.** (ÊTRES ANIMÉS) **1.** Aller, se déplacer rapidement par une suite d'élans, en reposant alternativement le corps sur l'une puis l'autre jambe, l'une puis l'autre patte. ⇒ **course**; **filer, galoper, trotter; bondir, s'élancer; FAM. caleter, cavaler,** 1. **droper, foncer, pédaler, tracer,** 3. **trisser** (cf. Jouer des flûtes ; avoir le feu au derrière, le diable à ses trousses ; prendre ses jambes à son cou*). *Courir à toutes jambes, ventre à terre, tête baissée. Courir à perdre haleine, comme un dératé, comme un lapin, un zèbre. Courir à fond de train. Courir pour s'enfuir.* ⇒ FAM. **se carapater, détaler.** *Courir pour garder la forme.* ⇒ **jogger.** — *Courir sus à l'ennemi. Courir au-devant de qqn. Courir après qqn,* pour le rattraper. ⇒ **poursuivre.** — FIG. *Le voleur court toujours, court encore, n'a pas été arrêté.* **2.** SPÉCIALT Disputer une épreuve de course. *Courir dans une compétition d'athlétisme.* ◊ *Faire courir un cheval.* ⇒ **engager. 3.** Aller vite, sans précisément courir. ⇒ se **démener, se dépêcher, s'empresser, se hâter, se précipiter, se presser.** *Ce n'est pas la peine de courir, nous avons le temps.* «*va, cours, vole, et nous venge*» (Corn.). — *Faire qqch. en courant,* à la hâte, précipitamment. ◊ *Aller rapidement (quelque part) ; atteindre qqch. le plus vite possible. Je prends ma voiture et je cours chez vous; j'y cours.* ⇒ **accourir.** *Les gens courent à ce spectacle* (⇒ **affluer; couru**) ; *on y court. Courir à sa perte, à la faillite, à un échec. Sans compl. Se hâter pour aller quelque part. Ce spectacle fait courir tout Lyon.* ⇒ **attirer.** — FAM. COURIR APRÈS qqn, le rechercher avec assiduité. ⇒ **importuner, presser** (cf. ci-dessous II, 6°). *Courir après une femme,* la poursuivre de ses assiduités. « *Une femme est comme votre ombre; courez après, elle vous fuit ; fuyez-la, elle court après vous*» (Muss.). — *Courir après les honneurs. Je ne cours pas après les huîtres, je ne les aime pas tellement.* ◊ (Semi-auxil., suivi de l'inf.) *Je cours acheter du pain.* ◊ ABSOLT *Il vaut mieux tenir que courir* (cf. Un tiens vaut mieux que deux tu l'auras). FAM. *Tu peux toujours courir!* se dit d'un souhait qui ne se réalisera pas, ou pour refuser qqch. ⇒ se **brosser, se fouiller.** PROV. «*Rien ne sert de courir, il faut partir à point*» (La Font.). **B.** (CHOSES) **1.** Se mouvoir avec rapidité. «*De grandes ombres noires [...] couraient sur les eaux vertes*» (Maurois). ⇒ **glisser.** «*Le vent qui courait sur la neige était glacial* » (Barrès). *L'eau qui court.* ⇒ **couler, s'écouler ;** 2. **courant.** *Faire courir, laisser courir sa plume sur le papier :* écrire au courant de la plume. **2.** (Navire) Faire route. ⇒ 1. **cingler, filer.** *Courir à terre, au large. Courir largue, vent arrière.* **3.** Être répandu, passer de l'un à l'autre. ⇒ **circuler,** se **communiquer, se propager, se répandre.** *Le bruit court que... :* on dit que... « *la légende court, se répand, s'enjolive* » (Daud.). *Faire courir une nouvelle.* ⇒ **colporter.** IMPERS. *Il court un bruit sur elle.* **4.** (1396) Suivre son cours, se passer (temps). ⇒ **continuer, passer.** *L'année, le mois qui court* (cf. En cours*). *Par les temps qui courent :* dans la conjoncture. ⇒ **actuellement.** — SPÉCIALT *L'intérêt de cette rente court à partir de tel jour,* est compté à partir de ce jour. ◊ FAM. *Laisser courir :* laisser faire, laisser aller (cf. Laisser tomber, pisser). **5.** S'étendre, se prolonger au long de qqch. *Le chemin court le long de la berge.*

II. V. tr. **1.** (XIIIᵉ) Poursuivre à la course, chercher à attraper. CHASSE *Courir le cerf, le sanglier.* ⇒ **courre.** *Il ne faut pas courir deux lièvres* à la fois. **2.** SPORT Participer à (une épreuve de course). ⇒ **disputer.** *Courir le cent mètres. Ce cheval a couru le grand prix.* ◊ PRONOM. *Le tiercé se court aujourd'hui à Enghien.* **3.** Rechercher avec ardeur, empressement. ⇒ **chercher, poursuivre, rechercher.** *Courir les honneurs. Courir le cachet*. **4.** Aller au devant de, s'exposer à. *Courir les aventures.* ◊ *Courir un danger,* y être exposé. *Courir le risque de. C'est un risque à courir. Courir sa chance.* ⇒ **essayer, tenter. 5.** (XIVᵉ) Parcourir, sillonner. *Courir la ville, les rues. Courir les bois, la campagne.* ⇒ **battre.** *Courir le monde.* ⇒ **voyager.** — LOC. FIG. *Courir les rues :* être répandu, banal, commun. *Ce genre d'esprit court les rues.* **6.** Fréquenter assidûment. ⇒ **hanter.** *Courir les théâtres, les magasins.* — *Courir les filles, la gueuse*; courir le jupon.* ⇒ **coureur** (4°) (cf. ci-dessus I, 3° FAM. *courir après*). — ABSOLT *Son mari a tendance à courir.* ⇒ **coureur.** — *Courir le cotillon*, le guilledou*, la prétentaine*.* **7.** (1902) FAM. *Courir qqn,* l'ennuyer* (cf. Casser les pieds, cavaler). *Il commence à me courir* (sur le haricot, sur le système). « *Il m'court, avec ses boniments* » (Carco).

138

Conjugaisons

Dans les dictionnaires de langue générale, il est d'usage de consacrer quelques pages au problème des conjugaisons.

Dans le *Nouveau Petit Robert*, la présentation des tableaux de conjugaisons a été refaite de manière à réunir en un seul endroit les conjugaisons des verbes réguliers et irréguliers. Ainsi, les deux premiers tableaux donnent les verbes arriver et finir, conjugués à tous les modes et à tous les temps, comme modèles des verbes réguliers se terminant en **-er** et **-ir**. Pour ce qui est des verbes irréguliers, on en présente une soixantaine regroupés d'après les terminaisons de l'infinitif.

Tous les verbes que l'on trouve dans le dictionnaire portent un numéro de référence qui correspond au modèle de ses conjugaisons. Par exemple, le verbe craindre nous renvoie au numéro 52 dans les tableaux, soit aux conjugaisons de ce verbe. Dans le cas du verbe produire, on nous renvoie au numéro 38 qui correspond au verbe conduire ; cela signifie que produire se conjugue sur le même modèle que conduire.

Étymologie

L'**étymologie** est la partie de la linguistique qui étudie l'origine des mots. Le terme désigne aussi l'origine d'un mot particulier. L'étymologie nous fait connaître le passé d'une langue et nous donne des renseignements utiles sur la graphie, la prononciation et la signification des mots.

L'importance qu'y accordent les dictionnaires de langue varie d'un ouvrage à l'autre. Dans le *Nouveau Petit Robert*, tous les mots comportent une courte description étymologique. Elle figure entre parenthèses après l'indication de la catégorie grammaticale du mot.

Par exemple, le dictionnaire nous dit que le mot chaos vient du latin *chaos*, provenant lui-même du grec *khaos*. Ce bref renseignement explique pourquoi, dans ce cas, la consonne **ch** se prononce comme le **k** de képi et non comme le **ch** de chapeau. Au mot inflammable, on apprend que la première syllabe du mot (in) n'est pas un élément négatif comme dans le mot inconnu, mais qu'elle appartient intégralement au mot latin *inflammare*, qui a aussi donné le verbe enflammer.

Bien entendu, les mots français ne viennent pas tous du latin. Beaucoup d'entre eux ont été empruntés à d'autres langues, comme le grec (enthousiasme), l'italien (banque), l'anglais (redingote), l'allemand (statistique), l'espagnol (cigare), l'arabe (sucre), etc. D'autres mots, comme poubelle, pantalon, guillotine et sandwich, ont des origines assez amusantes. À vous de les découvrir.

H muet et h aspiré

Dans les mots commençant par la lettre **h**, comment savoir si le h est muet ou aspiré ? Autrement dit, comment être sûr qu'il faut bien écrire l'huissier, le hublot, le héros et l'héroïne lorsqu'on a pour seul outil de référence un dictionnaire ?

En fait, chaque ouvrage a sa façon propre d'indiquer cette particularité. À titre d'exemple, le *Nouveau Petit Robert* nous donne ce renseignement à deux endroits : dans les pages préliminaires, où l'on présente quelques remarques sur les problèmes posés par les liaisons, et à l'intérieur du lexique, à la lettre h. On y précise que les mots commençant par un **h aspiré** sont marqués par une apostrophe devant leur transcription phonétique (hublot ['yblo], héros ['ero]). Cette apostrophe nous rappelle que ce h aspiré a pour effet d'empêcher l'élision (le hublot et non *l'hublot*) et la liaison (les héros et non *les-z-héros*).

Dans le cas des noms propres et des prénoms qui ont un h initial (Haïti, Hollande, Huguette, Henri, Hugo, etc.), les dictionnaires usuels ne donnent pas ce renseignement. Il faut alors consulter un ouvrage plus spécialisé comme un dictionnaire de prononciation ou un dictionnaire des difficultés de la langue, ou encore une bonne grammaire.

À titre d'illustration, voici deux extraits du *Nouveau Petit Robert*.

HAMEAU [ˈamo] n. m. — XIIIᵉ ; de l'a. fr. *ham*, frq. °*haim* ; all. *Heim*, angl. *home* « domicile » ◆ Agglomération de quelques maisons rurales situées à l'écart d'un village, et ne formant pas une commune. ⇒ 1. **écart, lieudit.** « *Le hameau enfoncé dans un pli du vallon* [...] *pauvre hameau paysan composé de dix maisons normandes* » (Maupass.).

HAMEÇON [amsɔ̃] n. m. — fin XIIIᵉ ; de l'a. fr. *ain, hain* ; lat. *hamus* **1.** Petit engin de métal en forme de crochet, armé de pointes, qu'on adapte au bout d'une ligne et qu'on garnit d'un appât pour prendre le poisson. *Hameçon simple, à deux crochets. Le poisson a avalé l'hameçon, a mordu à l'hameçon.* **2.** FIG. *Mordre à l'hameçon, gober l'hameçon :* se laisser prendre. ⇒ **appât, piège.**

Locutions

Si chercher le sens d'un mot dans le dictionnaire constitue un exercice relativement simple, cela peut paraître tout autre lorsqu'on veut connaître la signification d'une locution comme **ne pas attacher ses chiens avec des saucisses.**

Étant donné que les locutions ou expressions commencent, pour la plupart, par des mots de liaison (article, préposition, etc.), il est pratiquement impossible de les classer dans les dictionnaires selon l'ordre alphabétique strict. C'est pourquoi les lexicographes rassemblent souvent sous une même entrée les locutions ou expressions formées avec un même mot.

Pour repérer une locution et découvrir son sens, il faut donc chercher le ou les mots clés (habituellement les substantifs) qui la composent. Dans l'exemple donné plus haut, ne pas attacher ses chiens avec des saucisses, nous pouvons, par conséquent, chercher sous les mots chien et saucisse. En consultant le dictionnaire au mot **chien**, nous trouvons la locution telle quelle, avec un astérisque à droite du mot **saucisse**, ce qui signifie que les explications et, éventuellement, les exemples s'y trouvent.

Dans le but de faciliter le repérage de toutes les locutions qui font l'objet d'une définition, le *Nouveau Petit Robert* les a consignées soit en lettres majuscules, soit en caractère italique à l'intérieur de l'article.

Marques d'usage

La très grande majorité des mots traités dans les dictionnaires appartiennent à la langue courante. C'est donc dire qu'ils peuvent être utilisés en toute situation et en tout lieu.

Cependant, les dictionnaires consignent aussi de nombreux mots qui ne s'emploient que dans des situations particulières de communication. Aussi est-il nécessaire, pour celui ou celle qui veut bien parler et bien écrire sa langue, de connaître les conditions d'emploi des mots selon les contextes. Dans le *Nouveau Petit Robert*, ces conditions d'emploi, que l'on appelle **marques d'usage**, sont données avant la définition de nombreux mots, sens ou expressions. Elles nous renseignent sur la valeur de leur emploi dans le temps, dans l'espace, dans la société ou dans un domaine d'activité. Ainsi, selon les circonstances, certains mots peuvent être considérés comme anciens, régionaux, populaires, techniques, etc.

Ces marques d'usage, données sous une forme abrégée dans le lexique, correspondent à une analyse subjective du langage. Pour connaître le sens exact que l'on donne à ces marques, il faut consulter le tableau des abréviations qui figure au début du dictionnaire.

1. La situation dans le temps

Voici quelques marques d'usage que nous donne le dictionnaire afin de situer l'emploi des mots et des expressions dans le temps : **vx** (vieux), **vieilli**, **anciennt** (anciennement), **mod.** (moderne), **néol.** (néologisme) et **mil. XXᵉ** (milieu du XXᵉ siècle).

Par exemple, la mention **vx** après le mot progrès, utilisé pour désigner « un mouvement en avant », signifie que ce mot n'a plus ce sens de nos jours. De même, le mot bohème, au sens de « personne qui vit en marge de la société », est donné comme vieilli ; cette marque signifie que, dans cette acception, le mot est encore compris, mais ne s'emploie plus naturellement dans la langue courante.

L'abréviation **anciennt**, au premier sens du mot mademoiselle, laisse entendre que son emploi pour désigner les « femmes nobles non titrées, mariées ou non » appartient au passé. Dans la langue moderne, le mot signifie « titre donné aux jeunes filles ».

Enfin, les notations **néol.** ou **mil.** XXe signifient qu'un mot, ou un de ses sens, est apparu plus ou moins récemment dans la langue française.

2. Les niveaux de langue

La définition seule d'un mot ou encore sa présence dans un dictionnaire ne sont pas des conditions suffisantes pour justifier son emploi dans tous les contextes. Il faut en plus s'assurer de son niveau de langue, de son statut linguistique ou de son domaine d'emploi.

Par exemple, si un mot porte la mention populaire (**pop.**), cela signifie qu'il appartient à la langue parlée des milieux populaires. De même, les mots qualifiés de familiers (**fam.**) sont ceux que l'on utilise dans la langue quotidienne, parlée ou écrite, mais que l'on éviterait dans des circonstances solennelles. Pour des raisons évidentes, les termes portant l'annotation vulgaire (**vulg.**) ne peuvent pas faire partie d'un discours soucieux de bienséance. Enfin, la marque littéraire (**litt.**) signifie que le mot est généralement employé dans les œuvres écrites, marquées de préoccupations esthétiques. Dans ce cas, le mot n'est pas d'usage familier et a habituellement des synonymes dont l'emploi est plus courant.

3. Le statut linguistique

Il faut également vérifier le statut linguistique du mot afin de savoir s'il est ou non de bon aloi, s'il est ou non recommandé. Dans cette catégorie d'observations de nature linguistique, on trouve les marques d'usage suivantes : recommandation officielle (**recomm. offic.**), anglicisme (**anglic.**), anglais américain (**angl. amér.**), abusif (**abus.**), abusivement (**abusivt**), impropre (**impr.**) et improprement (**improprt**).

Finalement, certaines annotations viennent préciser le domaine dans lequel un terme est utilisé. La mention didactique (**didact.**) signifie que le terme n'existe que dans la langue savante et non dans la langue parlée ordinaire. De même, les marques scientifique (**sc.**) et technique (**techn.**) indiquent que les termes appartiennent à la langue des spécialistes et qu'ils sont peu ou mal connus de l'ensemble du public.

Mots absents du dictionnaire usuel

Il nous arrive parfois de chercher le sens d'un mot dans un dictionnaire et de constater que le mot en question n'y figure pas. Les raisons qui expliquent cette absence sont de divers ordres.

Il faut d'abord savoir qu'un dictionnaire usuel a des limites et que son rôle consiste à répertorier les mots courants et les termes scientifiques et techniques indispensables à l'expression de la modernité. En dehors de ces grands paramètres, il sera probablement nécessaire de consulter une encyclopédie, un dictionnaire technique ou une banque de données (par ex. la Banque de terminologie du Québec) pour trouver un terme de spécialité. De même, en dépit des efforts faits par les lexicographes pour mettre à jour leurs dictionnaires, il est possible que le mot cherché soit de création trop récente pour y figurer ou encore qu'il n'ait pas été retenu par les auteurs (par ex. un mot décrivant une mode passagère).

Il se peut également que le mot soit d'origine québécoise, belge ou suisse et qu'il ne se trouve pas dans les dictionnaires français (édités en France) ; le mot peut appartenir à la langue populaire (quétaine), à la langue technique (acériculture), ou encore avoir fait l'objet d'une recommandation officielle de l'Office de la langue française (andragogie). Dans certains cas, le mot introuvable est en fait un anglicisme insoupçonné (*prioriser*, *technicalité*, *contracteur*).

De même, il importe de connaître l'orthographe exacte du mot que l'on cherche ; certains présentent une graphie peu évidente (dysfonction) ou ont une prononciation qui s'éloigne quelque peu de l'orthographe (ecchymose).

Enfin, il arrive aussi qu'un même mot soit absent de tel dictionnaire mais présent dans tel autre. Rappelons ici que les dictionnaires usuels se complètent en effet davantage qu'ils ne se répètent.

Préfixes et traits d'union

Combien de fois vous êtes-vous demandé si vous deviez mettre un trait d'union dans des mots comme prémarital, sous-rémunéré, surencombré ou auto-examen ?

Il s'agit bien sûr du genre de question que l'on peut résoudre rapidement en consultant un dictionnaire des difficultés de la langue. Mais voici comment il est possible de s'assurer de la bonne orthographe lorsqu'on n'a qu'un dictionnaire de langue usuel à portée de la main et que le mot en question n'y figure pas. La première solution consiste à comparer le mot préfixé à d'autres mots construits avec le même préfixe. Dans le cas de **pré-**, nous trouvons préavis, préchauffage, préopératoire, préprogrammé, etc. Nous observons alors que la tendance générale consiste à lier ce préfixe au mot qui suit. Par conséquent, on peut supposer qu'écrire prémarital en un seul mot est conforme à l'usage.

La seconde solution qu'offre le *Nouveau Petit Robert* est de chercher le préfixe, à sa place dans l'ordre alphabétique, et d'analyser les exemples que l'on y donne. À l'entrée **sous-**, on dit : « Préfixe à valeur de préposition (sous-main) ou d'adverbe (sous-jacent), marquant la position (sous-sol, sous-muqueux), la subordination (sous-préfet), la subdivision (sous-règne), le degré inférieur (sous-littérature, sous-prolétariat) et l'insuffisance (sous-alimenté). » Dans le cas de ce préfixe, la réponse s'impose d'elle-même. La même technique peut être utilisée pour la majorité des préfixes.

Prononciation

Un bon dictionnaire ne se contente pas de consigner l'orthographe et le sens des mots. Il peut donner une foule de renseignements complémentaires, entre autres leur prononciation. Cela s'avère fort utile pour les mots rares, les mots dont la prononciation et la graphie diffèrent, ou encore les mots pour lesquels il existe des variantes dans la prononciation. D'une manière générale, les dictionnaires donnent la prononciation considérée comme la plus correcte et la plus soignée.

Dans le *Nouveau Petit Robert*, tous les mots traités sont transcrits phonétiquement selon la notation proposée par l'Association phonétique internationale. Cette transcription, mise entre crochets, suit immédiatement le mot cherché. À titre d'exemple, si l'on compare les mots consensus et consentant, on observe que le son **en** se rend de façon différente dans les deux mots.

– Consensus [kɔ̃sɛ̃sys] (**en** se prononce « in », comme dans bain).

– Consentant [kɔ̃sɑ̃tɑ̃] (**en** se prononce « an », comme dans banc).

Si la transcription en alphabet phonétique nous est peu familière, il est nécessaire de consulter le tableau des sons, qui expose les principes de la transcription phonétique. Il figure habituellement dans les pages préliminaires du dictionnaire. Nous le reproduisons ici.

À PROPOS DE...

PRINCIPES DE LA TRANSCRIPTION PHONÉTIQUE

Alphabet phonétique et valeur des signes

VOYELLES

[i] il, épi, lyre

[e] blé, aller, chez, épée

[ɛ] lait, merci, fête

[a] ami, patte

[ɑ] pas, pâte

[ɔ] fort, donner, sol

[o] mot, dôme, eau, saule, zone

[u] genou, roue

[y] rue, vêtu

[ø] peu, deux

[œ] peur, meuble

[ə] premier

[ɛ̃] brin, plein, bain

[ɑ̃] sans, vent

[ɔ̃] ton, ombre, bonté

[œ̃] lundi, brun, parfum

SEMI-CONSONNES

[j] yeux, paille, pied, panier

[w] oui, fouet, joua (et joie)

[ɥ] huile, lui

CONSONNES

[p] père, soupe

[t] terre, vite

[k] cou, qui, sac, képi

[b] bon, robe

[d] dans, aide

[g] gare, bague, gui

[f] feu, neuf, photo

[s] sale, celui, ça, dessous, tasse, nation

[ʃ] chat, tache, schéma

[v] vous, rêve

[z] zéro, maison, rose

[ʒ] je, gilet, geôle

[l] lent, sol

[ʀ] rue, venir

[m] mot, flamme

[n] nous, tonne, animal

[ɲ] agneau, vigne

---

[h] hop! (exclamatif)

['] (pas de liaison) héros, onze, yaourt

[ŋ] mots empr. anglais, camping

[x] mots empr. espagnol, jota ; arabe, khamsin, etc.

REM. 1. La distinction entre [a] et [ɑ] tend à disparaître au profit d'une voyelle centrale intermédiaire (nous avons choisi de la noter [a]).
2. La distinction entre [ɛ̃] et [œ̃] tend à disparaître au profit de [ɛ̃].
3. Le [ə] note une voyelle inaccentuée (premier) ou caduque (petit), proche dans sa prononciation de [œ] (peur), qui a tendance à se fermer en syllabe ouverte (le dans fais-le).
4. Le [x], son étranger au système français, est parfois remplacé par [ʀ].

147

Renvois

Savamment exploitée par le *Nouveau Petit Robert*, la méthode analogique démontre qu'un dictionnaire de langue peut être plus qu'un simple répertoire alphabétique de mots comportant des définitions. Grâce à un système complet de renvois, il est possible de structurer en ensembles des mots qui ont entre eux des liens de sens ou d'emploi et qui, autrement, seraient dispersés dans l'ordre alphabétique.

Voyons comment les renvois, indiqués par la flèche à double trait (⟹), contribuent à l'enrichissement du vocabulaire et peuvent nous mener au terme juste. En consultant le dictionnaire au mot peur, on trouve, après la première définition, une première série de renvois qui permettent de nommer la peur avec plus de précision et de nuance. Ces renvois nous apprennent que l'affolement est l'état d'une personne en proie à une émotion violente, que la frayeur est une peur très vive, généralement passagère et peu justifiée, que l'effroi est une grande frayeur souvent mêlée d'horreur, que l'épouvante est une peur violente et soudaine causée par quelque chose d'extraordinaire, etc. Il ne nous reste donc plus qu'à choisir le mot qui convient au contexte.

Cette méthode nous permet également de découvrir des mots dont l'existence nous est inconnue. En suivant la filière analogique, il est possible, par exemple, de trouver le mot qui désigne la « peur des lieux publics ». Toujours au mot peur, une deuxième série de renvois nous annonce le mot phobie. En cherchant ce mot, nous obtenons une nouvelle série de renvois qui expriment différentes phobies. Il ne nous reste qu'à vérifier le sens de chacun des renvois pour savoir que la peur des lieux publics se nomme agoraphobie.

III À VOS MARQUES!

1. Quelque deux cents mots ou expressions à corriger.

2. Mesurez vos connaissances.

   A. Trouvez l'équivalent français.
   B. Donnez le pluriel.
   C. Mettez au féminin.
   D. Inscrivez la lettre qui correspond à la bonne réponse.
   E. Faites l'accord des participes passés.
   F. Complétez les phrases.
   G. Ponctuez les phrases à l'aide de la virgule.

3. Comment appelle-t-on?

4. Vérifiez votre vocabulaire.

- Le contenu des différents exercices de ce chapitre est présenté selon l'ordre alphabétique.

1. Quelque deux cents mots ou expressions à corriger.

Si le mot *appointement* au sens de **rendez-vous** est disparu de l'usage, si le mot *filière* cède peu à peu la place au mot **classeur**, de même bon nombre des impropriétés qui suivent vous étonneront peut-être, car vous ne les employez sans doute plus. À tout hasard, pourriez-vous vous en assurer en corrigeant les mots ou expressions en italique?

1. Exposition agricole : *Admission* 20 $.

_____

2. Un modeste panneau affichait : *PAS D'ADMISSION*!

_____

3. Ce sous-traitant *est d'affaires*.

_____

4. Voici nos heures d'*affaires*.

_____

5. Je vous renvoie à l'*agenda* de la réunion.

_____

6. On recherche une équipe de vendeurs *agressifs*.

_____

7. Ont-elles l'intention d'*aller en appel*?

_____

8. Il *appartient* trois immeubles d'habitation.

_____

9. Remplissez la formule d'*application*.

_____

10. Il s'agit de marchandises *en approbation*.

_____

11. Ils ont *approché* le ministre au sujet de cette affaire.

_____

12. Procurez-vous ce taille-crayon pour *aussi peu que* 90 $!

_____

13. Je consulterai notre *aviseur légal*.

_____

14. À vendre : *backhoe, backhoe loader* et niveleuse.

_____

15. Cette commande est *back order*.

_____

16. Livrerez-vous la *balance* de la commande cette semaine ?

_____

17. Il sera absent la *balance* de la semaine.

_____

18. Il a demandé la *balance* de son compte.

_____

19. Des *bénéfices marginaux* vous sont offerts.

_____

20. J'aimerais obtenir des *blancs* de chèque.

_____

21. Il a vendu son *bloc à appartements*.

_____

22. Vous aurez droit à deux *break* de quinze minutes.

_____

23. Elle a été accusée de *bris* de contrat.

_____

24. Cet athlète a *brisé* tous les records.

_____

25. Adressez-vous au *bureau-chef* de la société.

_____

26. Y a-t-il des *cancellations* ?

_____

27. *Cancellez* mon rendez-vous.

_____

28. On réduira le *case-load* de chaque médecin.

_____

29. Voici la *cédule* de livraison.

_____

30. *Cédulez* une réunion à la mi-septembre.

_____

31. Les boîtes aux lettres regorgent de *certificats-cadeaux.*

_____

32. Il travaille au 2ᵉ étage, *chambre* 14.

_____

33. Ils *changent* leur chèque de paye tous les jeudis.

_____

34. Il nous a *chargé* 75 $ pour ces travaux.

_____

35. Sans *charge additionnelle*, vous recevrez un baladeur.

_____

36. M. Hô est *en charge de* la production.

_____

37. *Chargez* cet appel téléphonique à mon compte.

_____

38. Il gagne 500 $ *clair* par semaine.

_____

39. Notre personnel *clérical* est compétent.

_____

40. Il s'agit d'une *erreur cléricale.*

_____

41. La Croix-Rouge tiendra une *clinique* de sang.

_____

42. *Collectez* cette créance.

_____

43. Les *compagnies de finance* ont augmenté leur taux d'intérêt mensuel. _____

44. On *complétera* les études préliminaires dès que possible.

_____

45. Cette entreprise est responsable de la *complétion* des travaux. _____

46. On procédera au *comptage des votes.*

_____

47. Elle est responsable de la vérification des *comptes à payer.*

_____

48. Elle a vérifié les *comptes à recevoir.*

_____

49. L'ancien ministre a officiellement *concédé l'élection.*

_____

50. La mairesse *est confiante* que son projet sera accepté.

_____

51. Grâce à ses *connections,* il a obtenu un poste de choix.

_____

52. *Pour aucune considération,* il n'acceptera ce compromis.

_____

53. Cette nouvelle intéressera tous les *contracteurs* et les *sous-contracteurs.* _____

54. Les dirigeants de l'entreprise ont déclaré *avoir le contrôle de* la situation. _____

55. Ce four à micro-ondes est une *courtoisie* de votre marchand préféré. _____

56. La *cueillette des vidanges* a lieu le mardi.

_____

57. *Mettez* cette liste *à date.*

_____

58. Jusqu'*à date*, il n'y a eu aucune annulation.

_____

59. Il pense revenir *en dedans de* huit mois.

_____

60. Il est *définitivement* le meilleur athlète de la région.

_____

61. Cet employé a subi une *démotion*.

_____

62. *Dépendant des* circonstances, j'assisterai à la conférence de presse. _____

63. Lors de sa déclaration de candidature, elle a dû verser un *dépôt* de 3000 $. _____

64. Quel est le pharmacien *en devoir* ?

_____

65. Ce restaurant offre un bon choix de bières *domestiques* et étrangères. _____

66. *Dû à* ses efforts, il a pu relancer l'entreprise familiale.

_____

67. La loi sera *effective* le 1er mai 1996.

_____

68. La ministre n'a pas voulu *élaborer* sur le sujet.

_____

69. Elles sont *éligibles* à ce concours.

_____

70. *Mettez l'emphase* sur la création d'emplois.

_____

71. Ils *sont à l'emploi d'*Hydro-Québec.

_____

72. Le total des dépenses *encourues* s'élève à 72 000 $.

_____

73. Il nous a envoyé une lettre *enregistrée*.

_____

74. Vous devez vous *enregistrer* à l'hôtel dès votre arrivée.

_____

75. Les partisans ont été déçus du jeu *erratique* de leur équipe de hockey. _____

76. Tapez cette lettre à double *espace*.

_____

77. Nous avons des *espaces de bureaux* à louer.

78. Commandez trois *étampes* portant la mention CONFIDEN-
TIEL.

79. Nous avons trois bureaux *exécutifs* à vendre.

80. On demande une secrétaire *exécutive* trilingue.

81. La policière a remis les *exhibits* au tribunal.

82. Demandez l'*extension* 127.

83. Elle a obtenu une *extension* de congé.

84. La période d'inscription sera *extensionnée*.

85. Cette ville n'a pas les *facilités* pour organiser une telle exposition.

86. Je *figure* partir demain.

87. Ils ont *figuré* que les travaux coûteraient près de 2 000 000 $.

88. Le *filage* électrique était défectueux.

89. *Forger* une signature est illégal.

90. Le *gérant* de la banque nous a recommandé cette transaction
immobilière.

91. Le président et le *gérant des ventes* ont accueilli les visi-
teurs étrangers.

92. Ce jeune *gradué* a obtenu un emploi très rapidement.

93. Son intervention était *hors d'ordre*.

---

94. J'*étais sous l'impression* qu'il avait démissionné.

---

95. Ils ont *initié* des négociations.

---

96. Nous n'avons plus ces articles en *inventaire*.

---

97. J'ai consulté la liste des *items* en solde.

---

98. L'ordre du jour comporte 22 *items*.

---

99. Elle a *joint les rangs* du Parti vert.

---

100. Pourriez-vous me le *laisser* savoir le plus tôt possible ?

---

101. Il serait plus prudent de demander un avis *légal*.

---

102. Il s'expose à des poursuites *légales*.

---

103. Le juge Wood préside la *levée de fonds*.

---

104. Le prix *de liste* de cet article est de 827 $.

---

105. Envoyez ce colis par *livraison spéciale*.

---

106. Vous pouvez le joindre au 589-7842, *local* 18.

---

107. Leur avocate *logera un appel* devant la Cour suprême.

---

108. Ils vont *loger* un grief.

---

109. Il vend des voitures *de seconde main.*

_____

110. Depuis son départ, *nous manquons sa présence.*

_____

111. Veuillez consulter le *manuel de service.*

_____

112. Ce billet viendra à *maturité* dans deux mois.

_____

113. Je tenterai de résoudre ce problème *au meilleur de mes capacités.* _____

114. Le *membership* de notre association a augmenté sensiblement. _____

115. *Même à ça,* il ne pourra être élu.

_____

116. Veuillez consulter le *livre des minutes.*

_____

117. Qui *prendra les minutes* de la réunion?

_____

118. Les problèmes *monétaires* des jeunes sont réels.

_____

119. On lui a remis un chèque *au montant de* 50 $.

_____

120. Devant l'ampleur du conflit, il a donné sa *notice* au directeur. _____

121. Elle s'*objecte* à cette décision.

_____

122. Cette mine est *en opération* depuis un mois.

_____

123. Notre télécopieur est *en opération* depuis hier.

_____

124. Il nous faudra réduire les frais d'*opération.*

_____

125. *Opérer* un commerce n'est pas chose facile.

_____

126. L'*opportunité* se présentant, il fallait la saisir.

_____

127. Sa carte de membre est en *ordre*.

_____

128. Une voiture d'occasion en bon *ordre* peut constituer un excellent achat. _____

129. Le domaine de l'informatique offre aux jeunes des *ouvertures* intéressantes. _____

130. Ils ont *paqueté* la réunion.

_____

131. Ils sont venus *par* affaires.

_____

132. Cette table mesure 1,2 mètre *par* 2,3 mètres.

_____

133. Ils veulent *partir* à leur compte.

_____

134. Elles ont l'intention de *partir* une agence de voyages.

_____

135. Des frais d'intérêt de 2 % seront exigés sur tout compte *passé dû*. _____

136. Le maire se refuse à *passer* un nouveau règlement.

_____

137. Ils sont chargés de *paver* la voie aux négociations.

_____

138. Il a reçu sa *paye de séparation*.

_____

139. Les *payeurs de taxes* sont mécontents.

_____

140. Ils ont droit à un *per diem* de 80 $.

_____

141. Notre société a sa principale *place d'affaires* à Montréal.

---

142. *Placez* un appel téléphonique à Victoria.

---

143. On nous propose un *plan* d'assurance avantageux.

---

144. Le rayon des jouets est au 5e *plancher.*

---

145. La municipalité participe à un *plan conjoint.*

---

146. On nous conseille de nous constituer un *plan de pension.*

---

147. Ce chèque de 5000 $ *compensera pour* vos pertes.

---

148. Devenir jongleur ou jongleuse exige de longues heures de *pratique.* _____

149. *À toutes fins pratiques*, tout a été détruit.

---

150. Le ministère *prendra des procédures* contre cette usine polluante. _____

151. C'est vers 14 h qu'ils *prendront le vote.*

---

152. On demande comme *prérequis* le cours 201.

---

153. Je *questionne* leur intégrité.

---

154. *En rapport avec* cette affaire, je rencontrerai le député.

---

155. On a *rapporté* un accident grave.

---

156. Elle *se rapportera* au directeur.

---

157. *Référant à* votre lettre du 10 courant...

_____

158. Son médecin de famille l'a *référé à* un orthopédiste.

_____

159. Elle a joint à sa demande une lettre de *référence*.

_____

160. *Référez* ce problème au directeur commercial.

_____

161. Les choses *regardent* mal.

_____

162. Le conseil d'administration a tenu une séance *régulière*.

_____

163. Le bureau sera *relocalisé* à Hull.

_____

164. Elles n'ont pu *rencontrer* leurs obligations.

_____

165. Le juge a *renversé* le jugement.

_____

166. Elle a fait des *représentations* auprès des cadres d'entreprise. _____

167. Deux entreprises ont été accusées de *fausses représentations.* _____

168. Veuillez faire parvenir vos *réquisitions* au Service de la comptabilité. _____

169. Tous ses efforts ont *résulté en* un échec.

_____

170. J'ai *retourné l'appel téléphonique* de Paul.

_____

171. *Sauver* de l'argent est une attitude sage et prévoyante.

_____

172. Il voulait, disait-il, *sauver* du temps.

_____

173. Elle a *secondé* la proposition.

_____

174. Les départs se feront selon la *séniorité*.

_____

175. Ils purgeront une *sentence* de dix ans.

_____

176. Il a fait l'objet d'une *sentence suspendue*.

_____

177. Cet employé a reçu son avis de *séparation*.

_____

178. Elles font partie du *shift* de jour.

_____

179. Ils travaillent *sur les shifts*.

_____

180. Elles *siègent sur* plus d'un comité.

_____

181. *Signalez* le 589-9742.

_____

182. Le vendeur m'a fait un *spécial*.

_____

183. Elle a choisi le *spécial* du jour.

_____

184. L'assemblée *spéciale* du conseil municipal aura lieu mardi prochain. _____

185. Ce magasin offre des *spéciaux* incroyables.

_____

186. Quel est son *statut marital*?

_____

187. Il travaille au 325, avenue Mercier, *suite* 44.

_____

188. Elles nous ont offert leur *support*.

_____

189. On *supportera* sa candidature.

190. Elles ne sont pas *supposées* assister à la réunion.

191. *Sur* semaine, il se couche tôt.

192. *Soyez sûr* que le robinet est bien fermé.

193. *Sur le temps de la compagnie*, il est défendu de dormir.

194. Ils ont volé trois *systèmes de son*.

195. Elle veut acheter un *tapis mur à mur*.

196. La *taxe de bienvenue* n'est pas très populaire.

197. Ils doivent régler certaines *technicalités*.

198. La feuille de *temps* des commis nous parvient toutes les semaines.

199. Nous n'acceptons plus de faire du *temps* supplémentaire.

200. La présidente termine son *terme d'office* cette année.

201. Cette employée sera *transférée* à Lévis.

202. Ces actions *se transigent* à la Bourse.

203. Dorénavant, nous *transigerons* avec cette entreprise.

204. Elle s'est donné beaucoup de *trouble* pour organiser cette réunion.

BIEN ÉCRIRE SON FRANÇAIS

205. Son franc-parler, son impulsivité lui créent bien des *troubles.* _____

206. Elle m'a *vendu l'idée* de me procurer un micro-ordinateur.

_____

207. Il y aura une *vente de garage* jeudi.

_____

208. Nous vous conseillons de profiter des *ventes* de fin de saison. _____

209. Nous sommes fiers d'avoir acheté un appareil si *versatile.*

_____

210. Les personnes *versatiles* auront de meilleures chances de conserver leur emploi. _____

211. Ces documents sont dans la *voûte* de la banque.

_____

2. Mesurez vos connaissances.

A. Trouvez l'équivalent français.

Les cinquante expressions ou mots anglais qui suivent sont souvent à l'origine de bien des traductions boiteuses : calques, barbarismes, impropriétés, etc. À l'aide d'un ouvrage de référence approprié, pourriez-vous donner le ou les équivalents français de ces mots ou expressions ?

1. *bachelor apartment* _____

2. *bank vault* _____

3. *blank cheque* _____

4. *bumping* (travail) _____

5. *burn-out* _____

6. *calendar day* _____

7. *to cancel* _____

8. *carport* _____

9. *condominium* (habitation) _____

10. *conference call* _____

11. *cruise control* (automobile) _____

12. *dependent* (impôt) _____

13. *direct deposit* _____

14. *dump truck* _____

15. *ex-officio member* _____

16. *extension* (téléphonie) _____

17. *fax* _____

18. *fringe benefits* _____

19. *gas bar* _____

20. *hardware* (informatique) _____

21. *income tax return* _____

22. *intercom* _____

23. *jacknife* (transport) _____

24. *jogging suit* _____

25. *legal office* _____

26. *loader* (engin de terrassement) _____

27. *long distance call* _____

28. *mailing* (publicité) _____

29. *memo* _____

30. *overdrive* (automobile) _____

31. *overtime* (travail) _____

32. *pacemaker* _____

33. *past due* _____

34. *pension fund* _____

35. *per diem allowance* (gestion) _____

36. *punch clock* _____

37. *rafting* (sport) _____

38. *schedule* _____

39. *semi-detached house* _____

40. *semi-trailer* _____

41. *senior engineer* _____

42. *separation pay* _____

43. *sideline* (travail) _____

44. *software* (informatique) _____

45. *sweat suit* _____

46. *tank truck* _____

47. *tuxedo* _____

48. *veneer* _____

49. *voucher* (comptabilité) _____

50. *whirlpool bath* _____

B. Donnez le pluriel.

1. à-côté _____
2. aide-mémoire _____
3. amuse-gueule _____
4. assurance(-)salaire _____
5. cadeau(-)souvenir _____
6. centre-ville _____
7. chef de service _____
8. clientèle cible _____
9. compte client _____
10. compte fournisseur _____
11. compte rendu _____
12. contre-fenêtre _____
13. coupe-froid _____
14. Cri _____
15. déjeuner-causerie _____
16. en-tête _____
17. expert-conseil _____
18. exposition solo _____
19. fin de semaine _____
20. fourre-tout _____
21. garde-chasse _____
22. heure-personne _____
23. Inuit _____

24. jury _____

25. laissez-passer _____

26. média _____

27. mètre cube _____

28. Micmac _____

29. offre d'emploi _____

30. offre de service _____

31. on-dit _____

32. ouï-dire _____

33. panneau(-)réclame _____

34. papier-mouchoir _____

35. passe-droit _____

36. personne-ressource _____

37. plan d'action _____

38. plus-value _____

39. point de service _____

40. porte-fenêtre _____

41. poste(-)clé _____

42. prêt-à-porter _____

43. produit vedette _____

44. projet(-)pilote _____

45. sans-emploi _____

46. soirée d'information _____

47. solde débiteur _____

48. station-service _____

49. tiroir-caisse _____

50. trop-perçu _____

C. Mettez au féminin.

1. acheteur _____

2. agent immobilier _____

3. arpenteur-géomètre _____

4. assureur-vie _____

5. auteur _____

6. briqueteur-maçon_____

7. chargé de projet _____

8. chef _____

9. chirurgien_____

10. chroniqueur _____

11. commis _____

12. conducteur _____

13. courtier_____

14. demandeur _____

15. directeur adjoint_____

16. docteur _____

17. employeur _____

18. enquêteur _____

19. entrepreneur_____

20. estimateur _____

21. évaluateur _____

22. expert-comptable _____

23. facteur _____

24. graveur_____

25. imprimeur _____

26. industriel _____

27. ingénieur _____

28. maire _____

29. marguillier _____

30. médecin _____

31. orienteur _____

32. préfet _____

33. premier ministre _____

34. procureur _____

35. professeur _____

36. répartiteur _____

37. réviseur _____

38. sauveteur _____

39. secrétaire-trésorier _____

40. substitut _____

D. Inscrivez la lettre qui correspond à la bonne réponse. Deux réponses sont parfois possibles.

1. Votre esprit d'initiative ainsi que votre persévérance _____.

   a) a été récompensé
   b) ont été récompensés

2. Cet orateur, de même que celui qui l'avait précédé à la tribune, _____ une forte impression sur l'assemblée.

   a) a fait
   b) ont fait

3. Il n'y avait plus _____ dans l'usine au moment de l'explosion.

   a) d'ouvrier
   b) d'ouvriers

4. L'Université de Sherbrooke, en collaboration avec l'Administration municipale, _____ une manifestation en l'honneur de M. Luc Hémon.

   a) organise
   b) organisent

5. Votre témoignage, ainsi que celui de votre associé le mois dernier, _____ le tribunal.

   a) a convaincu
   b) ont convaincu

6. Son talent aussi bien que sa ténacité _____ une collaboratrice exemplaire.

   a) en fait
   b) en font

7. La plupart des députés _____ pour le projet de loi.

   a) a voté
   b) ont voté

8. Ce groupe de femmes d'affaires _____ d'un esprit d'entreprise remarquable.

   a) fait preuve
   b) font preuve

9. Un grand nombre de gros-becs et de mésanges à tête noire _____ nos mangeoires.

   a) fréquente
   b) fréquentent

10. La bande de voleurs qui _____ la banque _____ hier.

   a) a dévalisé   b) a été arrêtée
   a) ont dévalisé   b) ont été arrêtés

11. Peu de candidats _____ l'examen.

   a) a réussi
   b) ont réussi

12. Bon nombre d'offres de service _____.

    a) était mal rédigé
    b) étaient mal rédigées

13. Une foule de citoyens _____ de l'encombrement des salles d'urgence.

    a) se plaint
    b) se plaignent

14. La majorité des procureures _____ aux deux séances d'information.

    a) a assisté
    b) ont assisté

15. Les statistiques révèlent que 40 % de la production _____ aux États-Unis.

    a) est exportée
    b) sont exportés

16. La journaliste a signalé que moins de 30 % des victimes _____.

    a) avaient été indemnisées
    b) avaient été indemnisés

17. Le conseil d'administration a recommandé que ces 15 % de bénéfice _____ dans la recherche.

    a) soit investi
    b) soient investis

18. Le tiers des députés _____ contre le projet de loi.

    a) a voté
    b) ont voté

19. Deux mètres et demi de tissu vous _____ de réparer votre canapé.

    a) permettra
    b) permettront

20. Un kilo et demi de tomates _____ à préparer ce plat mexicain.

   a) suffit
   b) suffisent

21. Il habite _____ _____ _____.

   a) rue De la Falaise   a) à   a) Havre Saint-Pierre
   b) rue de la Falaise   b) au   b) Havre-Saint-Pierre

22. Voici son adresse exacte : _____.

   a) 1001, rue Racine   b) 1001 Racine
       Chicoutimi (Québec)   Chicoutimi, QC
       G7H 1V1   G7H 1V1

23. « _____, dans une récente lettre, nous vous faisions part de nos préoccupations... »

   a) Monsieur le président
   b) Monsieur le Président

24. Il m'a dit de ne pas me _____ mes collègues.

   a) fier à
   b) fier sur

25. On l'a persuadé _____ rester à l'hôpital ; elle est maintenant _____ observation aux soins intensifs.

   a) de   a) en
   b) à   b) sous

26. C'est _____ que l'on apprend _____ correctement.

   a) en écrivant et lisant   a) à rédiger et s'exprimer
   b) en écrivant et en lisant   b) à rédiger et à s'exprimer

27. _____ un bureau de scrutin près du _____ ?

   a) Y-a-t-il   a) Cégep
   b) Y a-t-il   b) cégep

28. _____ Tremblay inc. _____ la nomination d'un nouveau directeur commercial.

a) Meubles & accessoires de bureau   a) annoncent
b) Meubles et accessoires de bureau   b) annonce

29. Air Canada et Hydro-Québec _____ dans cette affaire.

a) sont intervenues
b) sont invervenus

30. Voici l'orthographe des mots _____, _____ et _____.

a) audiovisuel   a) bioénergie   a) co-locataire
b) audio-visuel   b) bio-énergie   b) colocataire

E. Faites l'accord des participes passés.

1. Participe passé conjugué avec avoir.

a) J'ai **gardé** _____ en mémoire les histoires savoureuses qu'elle m'a **raconté** _____.

b) Toutes les peurs que nous avions **subi** _____ ont **disparu** _____.

c) Les pluies qu'il y a **eu** _____ ont **abîmé** _____ ses citrouilles et les ont parfois **détruit** _____.

d) Des rapports aussi détaillés, aussi bien documentés, il n'en avait jamais **reçu** _____.

e) Ils étaient plus habiles qu'elle ne l'avait **cru** _____.

f) Quels ouvrages de référence avez-vous **consulté** _____ ? Quelles corrections lui avez-vous **suggéré** _____ ?

g) Les propos qu'ils ont **échangé** _____ étaient vifs, et le débat qui a **suivi** _____, orageux.

h) J'ai **lu** _____ votre lettre, mais je ne l'ai pas **compris** _____.

i) Cette femme m'a **parlé** _____ des millions que ce parc a **coûté** _____.

j) Les nombreuses erreurs qu'ils ont **fait** _____ ne leur auront **servi** _____ à rien.

2. Participe passé conjugué avec être.

a) Plusieurs sujets à l'ordre du jour n'ont pu être **traité** _____.

b) Les objets commandés vous seront **envoyé** _____ sous peu.

c) Auraient-ils été **consulté** _____ au préalable ?

d) Avant d'être **expédié** _____ à l'étranger, ces marchandises font l'objet d'une vérification minutieuse.

e) L'annonce de la signature de la nouvelle convention collective a été **accueilli** _____ avec joie par tout le personnel.

f) Cette liste d'appareils électroménagers était **exclu** _____ de l'inventaire.

g) C'est très bientôt que vous seront **communiqué** _____ les résultats de l'examen.

h) Il est peu probable que tous les huissiers et huissières soient **licencié** _____ la semaine prochaine.

i) Ils auraient aimé être **informé** _____ de ces importants changements.

j) Ayant été **reçu** _____ avec beaucoup de courtoisie, ces touristes reviendront l'an prochain.

3. Participe passé des verbes pronominaux.

a) Elles se sont **ravisé** _____ au dernier moment.

b) Ils s'étaient **attendu** _____ à plus de respect.

c) Ils s'étaient **assuré** _____ des provisions pour un mois.

d) Elles se sont **blessé** _____ grièvement.

e) Ils se sont **attribué** _____ tous les mérites.

f) Ils se sont **méfié** _____ de leurs belles paroles.

g) Les matchs se sont **déroulé** _____ sans violence.

h) Se sont-ils **plaint** _____ du bruit?

i) C'est plus tard que se sont **manifesté** _____ les divergences d'opinions.

j) Les lettres qu'ils se sont **adressé** _____ témoignent de leur amitié.

4. Participe passé suivi d'un infinitif.

a) Des contribuables ont **voulu** _____ appuyer sa candidature.

b) Ils se sont **vu** _____ interdire l'accès de cette patinoire.

c) Les textes qu'ils ont **fait** _____ imprimer sont pleins d'erreurs.

d) Elle s'est **senti** _____ bouillir d'impatience.

e) Elle s'est **laissé** _____ bercer par les flots.

f) Ces joueurs, je les ai **vu** _____ exceller l'hiver dernier.

g) Les vêtements qu'il s'est **fait** _____ faire lui vont à ravir.

h) Les musiciennes que tu as **entendu** _____ jouer sont toutes très jeunes.

i) Quels travaux aviez-vous **pensé** _____ entreprendre cette année?

j) Voici les gardes forestiers que j'ai **envoyé** _____ chercher hier.

F. Complétez les phrases en inscrivant la bonne réponse dans l'espace laissé en blanc.

1. Pour son anniversaire, il va lui (**amener, apporter**) _____ des fleurs et l'(**amener, emmener**) _____ au cinéma.

2. Demain matin, je dois (**apporter, porter**) _____ mon smoking chez le nettoyeur.

3. Elle a (**amené, mené, emmené**) _____ sa voiture au garage.

4. **(C'est, Ce sont)** _____ les principaux points à l'ordre du jour.

5. **(C'est, Ce sont)** _____ de toutes les régions du Québec que nous sont parvenus ces commentaires.

6. **(C'est, Ce sont)** _____ elles qui sont responsables des activités récréatives.

7. **(C'est, Ce sont)** _____ nous qui encouragions ce projet.

8. Vous trouverez **(ci-joint, ci-jointe)** _____ copie de la résolution.

9. Vous trouverez **(ci-inclus, ci-incluse)** _____ la copie du rapport.

10. Les documents **(ci-annexé, ci-annexés)** _____ vous aideront à vous rendre compte de la situation.

11. **(Ci-joint, Ci-jointes)** _____ les quittances demandées.

12. Ne croyez-vous pas que ce départ ait **(dû, dût, dut)** _____ lui coûter beaucoup ?

13. Qu'il **(dû, dut, dût)** _____ la quitter, la chose ne la surprit point.

14. L'intérêt qui m'est **(du, dû, dut)** _____ s'élève à 1308,47 $.

15. Ces maladies sont **(dues, dûes, dût)** _____ à des excès de table.

16. Elles auraient **(dues, du, dû)** _____ manifester leur opposition plus tôt.

17. Il **(dut, dû, dût)** _____ se résoudre à cesser de fumer.

18. Ils ne font que réclamer leur **(dû, du, due)** _____ .

19. Voici **(dû, du)** _____ Porto **(dû, du)** _____ Portugal.

20. Ces renseignements **(leur, leurs)** _____ permettront de poursuivre **(leur, leurs)** _____ enquête.

21. Répondez-(**leur, leurs**) _____, suscitez (**leur, leurs**) _____ intérêt et respectez (**leur, leurs**) _____ opinions.

22. Nos produits se comparent (**aux leurs, au leur**) _____ ; (**leur, leurs**) _____ façons de procéder, aux nôtres.

23. (**Résidant, Résident**) _____ à la campagne, ce Trifluvien d'origine a été élu maire.

24. Le règlement a été modifié à la suite des commentaires (**convainquant, convaincants**) _____ de certains employés.

25. Cela s'est produit pendant les mois (**précédents, précédant**) _____ son départ.

26. Après des propos aussi (**provocants, provoquant**) _____, il quitta la salle, (**provocant, provoquant**) _____ de vives protestations.

27. Malgré un travail (**fatiguant, fatigant**) _____, elle semble en pleine forme.

28. Je lui ai fourni toutes les indications (**possible, possibles**) _____.

29. Procurez-vous le plus d'outils et de matériaux (**possible, possibles**) _____.

30. (**Quelques, Quelles que**) _____ promesses qu'il ait faites, méfiez-vous.

31. (**Quelques, Quelles qu'**) _____ en soient les conséquences, je refuse de signer ce document.

32. Il est horrible de penser que cette guerre aura fait (**quelque, quelques**) _____ cent mille blessés.

33. (**Quelque, Quelques, Quels que**) _____ timides qu'elles paraissent, ces jumelles sont des employées dynamiques et créatives.

34. Au début, l'association réunissait (**quelque, quelques**) _____ centaines de membres, elle en compte

aujourd'hui (**quelque, quelques**) _____ trois (**mille, milles**) _____.

35. (**Quelqu', Quelles qu'**) _____ aient été vos intentions, le résultat de vos démarches n'a pas été des plus heureux.

36. (**Quelque, Quel que**) _____ poliment qu'on lui parle, il répond toujours sèchement.

37. Ils vont (**référer, soumettre**) _____ la question au Service juridique.

38. Nous devons (**en référer à, référer à**) _____ la présidente.

39. Il m'a (**référé au, envoyé voir le**) _____ docteur Stone.

40. En cas de doute, veuillez (**en référer à, vous référer à**) _____ la convention collective.

41. (**Comme, Tel que**) _____ prévu, la réunion syndicale aura lieu le jeudi 23 octobre, de 18 h 30 à 22 h.

42. Les questions (**telles que, tels que**) _____ congés autofinancés, vacances et rémunération n'ont pas été abordées lors de cette rencontre.

43. Les discussions ont porté sur divers points, (**telles, tels**) _____ les indemnités de départ et les heures supplémentaires.

44. La proposition du personnel syndiqué est (**tel que, telle que**) _____ la partie patronale ne pourra la refuser.

45. Ne pas céder sur ce point, (**tel, telle**) _____ est la recommandation du comité.

46. Veuillez prendre connaissance de (**tout, tous**) _____ ces documents.

47. Elles ont (**tout, tous, toutes**) _____ voté en faveur de la proposition : (**tout autre, toute autre**) _____ solution aurait été inacceptable.

48. La journée (**tout, toute**) _____ entière a été consacrée à ce projet.

49. Elles sont arrivées (**tout, toutes**) _____ trempées mais (**toutes, tout**) _____ heureuses.

50. Je l'avais imaginée (**tout, toute**) _____ timide, elle s'est montrée (**tout autre, toute autre**) _____.

G. Ponctuez, s'il y a lieu, les phrases à l'aide de la virgule.

a) La rencontre des directeurs d'école précédera celle des directeurs d'hôpital et aura lieu le mardi 10 décembre 1994.

b) Il a affirmé que la réduction du déficit et de la dette nationale constituait le problème fondamental auquel devaient s'attaquer tout homme et toute femme politiques.

c) Les compressions budgétaires la réduction des effectifs et la réorganisation des horaires de travail suscitent de vives inquiétudes au sein du personnel.

d) Lors de la collation des grades le recteur a prononcé un discours élogieux à l'endroit des jeunes.

e) Depuis cinq ans se tient au mois de mars la Semaine du français.

f) En premier lieu occupez-vous des commandes en retard et vérifiez toutes les factures.

g) En second lieu occupez-vous de la relance de nos clients et ce point est primordial procédez à la mise à jour et à l'évaluation de toute notre documentation technique.

h) Les réalisations de votre équipe de travail sont remarquables et nous tenions à le souligner de façon officielle.

i) Elle ne viendra pas à cette réunion car elle sera déjà partie en mission à l'étranger m'a-t-on dit.

j) Les invités arriveront vers 19 heures; les cadres et le président à 21 heures.

3. Comment appelle-t-on ?

Connaître le nom des outils, des appareils ou des machines qui nous entourent, c'est bien sûr enrichir notre vocabulaire. C'est aussi nous assurer de communiquer de façon efficace. Pourriez-vous nommer correctement les objets illustrés dans les pages suivantes ?

1. A _ _ _ _ _

2. A _ _ _ _ _ _

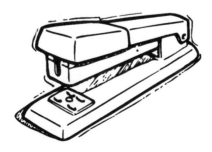

3. A _ _ _ _ _ _ _ _

4. A _ _ _ _ _ _   _   _ _ _ _ _ _ _ _ _ _

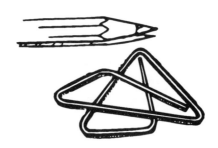

5. A _ _ _ _ _ _

6. B _ _ _ _ _ _ _ _

7. <u>B</u> _ _ _ _ _ _ _ _

8. <u>B</u> _ _ _   -   _ _ _ _ _

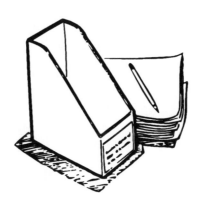

9. <u>B</u> _ _ _ _   -   _ _ _ _ _ _ _ _

10. <u>B</u> _ _ _ _ _   _   _ _ _ _ _ _ _ _ _

11. <u>C</u> _ _ _ _ _   -   _ _ _ _ _

12. <u>C</u> _ _ _ _ _

13. C _ _ _ _ _ _ _ _   -   _ _ _ _ _ _ _ _ _ _

14. C _ _ _ _ _ _   _ _ _ _ _ _ _ _ _

15. C _ _ _ _ _ _ _

16. C _ _ _ _ _ _ _   _ _ _ _ _ _

17. C _ _   _   _ _ _ _ _ _ _

18. C _ _   _   _ _ _ _ _ _ _

19. <u>C</u>_ _   _   _ _ _ _ _ _ _

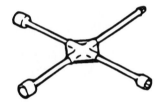

20. <u>C</u>_ _   _ _   _ _ _ _ _

21. <u>C</u>_ _   _ _ _ _ _ _ _ _ _

22. C _ _ _ _ _ _   _ _ _ _ _ _ _ _

23. C _ _ _ _ _ _

24. C _ _ _ _ _ _ _ _ _   _ _ _ _ _ _ _

25. <u>D</u> _ _ _ _ _ _ _ _ _   _   _ _ _ _ _ _ _ _ _

26. <u>D</u> _ _ _ _ _ _ _ _ _

27. <u>D</u> _ _ _ _ _ _ _   _ _   _ _ _ _ _   _ _ _ _ _ _ _

28. D _ _ _ _ _

29. D _ _ _ _ _ _ _ _ _ _

30. D _ _ _ _ _ _

31. É_ _ _ _ _ _ _ _ _

32. É_ _ _ _ _ _

33. F_ _ _ _ _ _ _   _ _ _ _ _ _ _

34. F _ _ _ _

35. G _ _ _ _ _ _ _   _ _ _ _ _ _

36. G _ _ _ _ _ _ _ _

37. H _ _ _ _ _ _ _ _

38. I _ _ _ _ _ _ _ _ _   _   _ _ _ _ _ _

39. I _ _ _ _ _ _ _ _ _ _ _

40. J _ _ _ _

41. M _ _ _ _ _ _ _

42. M _ _ _ _ _ _

43. <u>M</u> _ _ _ _ _ _

44. <u>N</u> _ _ _ _ _ _ _

45. <u>P</u> _ _ _ _

46. P _ _ _ _ _

47. P _ _ _

48. P _ _ _ _ _ _ _

49. P _ _ _ _ _ _ _ _ _ _

50. P _ _ _ _   -   _ _ _ _ _

51. P _ _ _ _ _

52. P _ _ _ _

53. P _ _ _ _ _ _ _

54. P _ _ _ _ - _ _ _ _ _ _ _ _ _

55. P _ _ _ _ _ _ _ _ _ _ _

56. P _ _ _ _   -   _ _ _ _

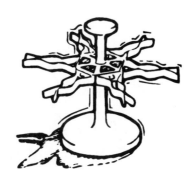

57. P _ _ _ _   -   _ _ _ _ _ _ _

58. P_ _ _ _   _ _   _ _ _ _ _ _ _

59. R_ _ _ _ _ _ _ _   _ _   _ _ _ _ _ _ _ _ _ _ _ _

60. R_ _ _ _ _ _   _   _ _ _ _ _ _ _

61. R _____ _ _____

62. R _____ _ _____

63. R _____ _ _____

64. R _ _ _ _ _ _   _ _ _ _ _ _

65. R _ _ _ _ _ _ _

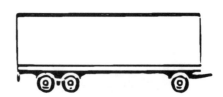

66. R _ _ _ _ _ _ _

67. S _ _ _   _   _ _ _ _ _ _

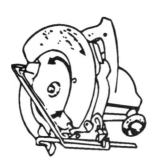

68. S _ _ _   _ _ _ _ _ _ _ _ _ _

69. S _ _ _ _ _

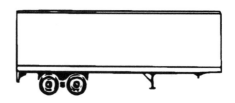

70. S _ _ _   -   _ _ _ _ _ _ _ _

71. S _ _ _ _   -   _ _ _ _ _

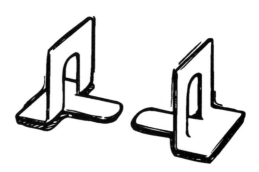

72. S _ _ _ _   -   _ _ _ _ _ _

73. T _ _ _ _ _   -   _ _ _ _ _ _

74. T _ _ _ _ _   _ _ _ _ _ _ _

75. T _ _ _ _ _   _ _ _ _ _ _ _ _ _ _

76. T_ _ _ _ _   _ _ _ _ _ _

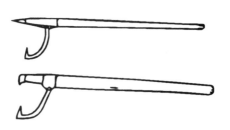

77. T_ _ _ _ _   -   _ _ _ _ _ _

78. T_ _ _ _ _ _ _   _ _ _ _ _ _ _

79. T_ _ _ _ _ _ _ _

80. V_ _ _ _ _ _ _ _   _ _   _ _ _ _ _ _

4. Vérifiez votre vocabulaire.

	Vrai	Faux
1. **À prime abord** est une locution qui n'existe pas.	☐	☐
2. **Abreuvoir** désigne le lieu où se désaltèrent les animaux.	☐	☐
3. **Abrévier** et **céduler** n'existent pas en français.	☐	☐
4. La locution **par acquit de conscience** est bien orthographiée.	☐	☐
5. **Affubler** signifie raconter des fables, des histoires.	☐	☐
6. **Aiguiser**, c'est rendre coupant ou tranchant.	☐	☐
7. On appelle **air conditionné** l'air auquel on a donné une température et un degré d'humidité déterminés.	☐	☐
8. **Ancre** et **anse** sont du genre féminin.	☐	☐
9. **Anticiper**, c'est faire quelque chose avant le temps prévu.	☐	☐
10. L'expression **appel d'offres** est bien orthographiée.	☐	☐
11. **Application** est synonyme de demande d'emploi.	☐	☐
12. **Archives** est un mot féminin qui s'emploie toujours au pluriel.	☐	☐
13. **Argument** a le même sens que dispute, discussion.	☐	☐
14. **Ascendance** désigne l'ensemble des générations d'où est issu quelqu'un.	☐	☐
15. **Astérisque** et **orthographe** sont du même genre.	☐	☐

	Vrai	Faux
16. **Astronaute** se prononce comme hôte.	☐	☐
17. **Auto-école** et **école de conduite** sont synonymes.	☐	☐
18. **Autre** prend toujours un **s** dans l'expression entre autres.	☐	☐
19. **Avaliser**, c'est rendre banal.	☐	☐
20. **Aviser** signifie notamment donner des avis.	☐	☐
21. **Aviseur** n'existe pas en français.	☐	☐
22. **Bâcler** un travail signifie l'expédier.	☐	☐
23. **Balayeuse** et **aspirateur** sont synonymes.	☐	☐
24. **Bateau** désigne notamment la dépression ou l'abaissement du trottoir devant une entrée, un stationnement, etc.	☐	☐
25. Une **bâtisse** est un bâtiment généralement dénué de valeur esthétique.	☐	☐
26. **Bielle** et **jante** appartiennent au vocabulaire de l'automobile.	☐	☐
27. **Bienvenue** est une formule de remerciement.	☐	☐
28. **Bisannuel** signifie qui a lieu tous les deux ans.	☐	☐
29. **Bogue** est un nom qui désigne un défaut du logiciel ou du matériel.	☐	☐
30. La **braderie** est un délit contre la morale.	☐	☐
31. Dans le domaine routier, la **bretelle** est une voie de raccordement.	☐	☐
32. **Bride** désigne notamment un collier servant à consolider ou à assembler des objets.	☐	☐
33. **Brocher** veut dire assembler et coudre les feuilles d'un livre.	☐	☐

	Vrai	Faux
34. La **brocheuse** est un article de bureau.	☐	☐
35. **Cabaret** désigne un plateau.	☐	☐
36. On appelle **cabinet** le bureau d'un avocat.	☐	☐
37. Pour un commerçant, **faire la caisse** c'est faire les calculs pour établir ou vérifier l'état de la caisse.	☐	☐
38. **Camping** fait au pluriel campings.	☐	☐
39. La **cantonnière** est une bande qui garnit, encadre une fenêtre.	☐	☐
40. **Caravane** désigne un véhicule tractable aménagé pour servir de logement de camping.	☐	☐
41. **Chiffre**, **matelas** et **sirop** sont des mots d'origine arabe.	☐	☐
42. On appelle **citation à comparaître** l'ordre adressé à une personne pour qu'elle comparaisse devant le tribunal.	☐	☐
43. **Civilité** et **civisme** sont synonymes.	☐	☐
44. **Civique** signifie municipal.	☐	☐
45. **Claviste** et **claviériste** sont synonymes.	☐	☐
46. **Clérical** signifie relatif au clergé.	☐	☐
47. **Clinique** veut dire notamment collecte.	☐	☐
48. **Coïncidence** et **contiguïté** sont bien orthographiés.	☐	☐
49. Un **colloque** réunit généralement moins de personnes qu'un congrès.	☐	☐
50. La **colonie de vacances** est un groupe d'enfants qui séjourne dans un camp de vacances.	☐	☐

	Vrai	Faux
51. **Commenter** et **compenser** sont des verbes transitifs.	☐	☐
52. **Compléter** est synonyme de terminer, d'achever.	☐	☐
53. On présente à une personne ses **condoléances** et non pas ses **sympathies**.	☐	☐
54. La **consigne** est l'endroit où l'on peut laisser ses bagages.	☐	☐
55. **Consistant** signifie logique avec soi-même.	☐	☐
56. **Consœur** est le féminin de confrère.	☐	☐
57. Vous **contredisez** est le verbe contredire à l'indicatif présent.	☐	☐
58. **Convaincre** et **craindre** font à l'indicatif présent il convainc, il craint.	☐	☐
59. Le **cordeau** et la **taloche** sont employés dans l'industrie du bâtiment.	☐	☐
60. **Craque** se dit familièrement d'un mensonge exagéré.	☐	☐
61. **Cuisinette** est l'équivalent français de *kitchenette*.	☐	☐
62. Un **cyprin** est un poisson.	☐	☐
63. **Dactylo**, **grutier** et **ferrailleur** désignent des appellations d'emploi.	☐	☐
64. Un **débarras** est notamment un local où l'on remise des objets encombrants.	☐	☐
65. **Là-dedans** et **par-derrière** prennent un trait d'union.	☐	☐
66. **Déductible** est l'adjectif dérivé du verbe déduire.	☐	☐
67. **Déférer** veut dire remettre à plus tard.	☐	☐

	Vrai	Faux
68. **Définitivement** signifie irrévocablement.	☐	☐
69. **Dépens**, mot masculin pluriel, désigne les frais rattachés à un procès.	☐	☐
70. **Dînette** désigne un service de vaisselle miniature servant de jouet aux enfants.	☐	☐
71. **Disgrâce** est synonyme de honte.	☐	☐
72. **Disposer de** et **se débarrasser de** sont synonymes.	☐	☐
73. Un **divan** est un long siège sans bras, ni dossier.	☐	☐
74. **Duo-Tang** et **Dymo** sont des noms de marques déposées.	☐	☐
75. **Dût** est le verbe devoir au passé simple.	☐	☐
76. Une **échappatoire** est un moyen adroit ou détourné pour se tirer d'embarras.	☐	☐
77. **Éclair** et **espèce** sont du même genre.	☐	☐
78. **Éclectique** veut dire sectaire.	☐	☐
79. **Écolier**, **élève** et **étudiant** sont des mots interchangeables.	☐	☐
80. **Égout** et **psychiatre** sont bien orthographiés.	☐	☐
81. **Éligibilité** est synonyme d'admissibilité.	☐	☐
82. **Emphase** est synonyme d'enflure, de grandiloquence.	☐	☐
83. **Encourir** signifie s'exposer à quelque chose de fâcheux.	☐	☐
84. **Endosser** est synonyme d'approuver.	☐	☐
85. **Estimé** n'est pas un nom.	☐	☐
86. **Étamine** est l'équivalent français de *cheesecloth*.	☐	☐

	Vrai	Faux
87. L'**étampe** est un article de bureau.	☐	☐
88. Un pantalon **étriqué** est un pantalon trop étroit.	☐	☐
89. Des propos **fallacieux** sont des propos mensongers visant à tromper.	☐	☐
90. **Favoriser** signifie être en faveur de quelque chose.	☐	☐
91. **Félicitation** prend un **s** dans : « Félicitations à tous les bénévoles ».	☐	☐
92. On appelle **ferme** l'assemblage de forme triangulaire formant la charpente d'un toit.	☐	☐
93. Le **ferroutage** est l'action d'usiner des pièces métalliques.	☐	☐
94. **Figurer** signifie prévoir.	☐	☐
95. Une **filière** est un meuble de rangement.	☐	☐
96. Martin Robert **fils** est l'équivalent français de la formule anglaise Martin Robert *junior*.	☐	☐
97. **Fini** ou **finies les vacances** sont deux formes acceptables.	☐	☐
98. **À toutes fins utiles** signifie au besoin, le cas échéant.	☐	☐
99. La **flagornerie** est une espèce d'escroquerie.	☐	☐
100. **Fléchettes** est l'équivalent du mot anglais *darts*.	☐	☐
101. **Forger** veut dire contrefaire.	☐	☐
102. **Graduation** est synonyme de collation des grades.	☐	☐
103. On écrit **la hernie** mais **l'huissier**.	☐	☐

	Vrai	Faux
104. **L'horodateur** est un appareil électro-ménager.	☐	☐
105. L'**hydrobase** est une base aérienne pour les hydravions.	☐	☐
106. Le participe passé du verbe **exclure** est exclus.	☐	☐
107. **Incontrôlable** signifie qui ne peut être vérifié.	☐	☐
108. Le contraire de **inflammable** est ininflammable.	☐	☐
109. **Inopinément** veut dire à l'improviste.	☐	☐
110. L'**inventaire**, c'est la quantité des marchandises, les stocks d'une entreprise ou d'un commerce.	☐	☐
111. **Itinérant** et **sans-abri** sont synonymes.	☐	☐
112. **Jaque**, **kaki** et **nèfle** sont des noms de légumes.	☐	☐
113. **Jaquette** désigne la chemise recouvrant un livre.	☐	☐
114. On appelle **judas** la petite ouverture dans une porte, qui permet de voir sans être vu.	☐	☐
115. **Jugeote** et **échalote** sont bien orthographiés.	☐	☐
116. **Jute** est un mot masculin.	☐	☐
117. Un message **laconique** comporte peu de mots.	☐	☐
118. **Lauréat** et **baccalauréat** proviennent du mot laurier.	☐	☐
119. **Licencier** signifie priver quelqu'un de son emploi.	☐	☐

	Vrai	Faux
120. **Fermer la ligne**, au sens de raccrocher, est une expression fautive.	☐	☐
121. **Garder la ligne** signifie surveiller l'embonpoint.	☐	☐
122. **Liqueur** désigne une boisson alcoolique.	☐	☐
123. **Machiner** veut dire comploter.	☐	☐
124. **Magasin d'usine** est l'équivalent français de *factory outlet*.	☐	☐
125. **Malversation** est synonyme de médisance.	☐	☐
126. **Manille** désigne un organe d'assemblage en forme de **U**.	☐	☐
127. **Mémo** désigne une note brève adressée à un collègue.	☐	☐
128. La **mercerie** est un magasin où l'on vend des accessoires pour la couture, la broderie, etc.	☐	☐
129. **Mériter** est synonyme de gagner.	☐	☐
130. Le mot **mètre** est correctement orthographié dans 1,78 mètre.	☐	☐
131. La **mondialisation** est le fait de devenir mondial, de se répandre dans le monde entier.	☐	☐
132. **Monétaire** et **financier** sont synonymes.	☐	☐
133. La **naphtaline** est un antimite.	☐	☐
134. **Au niveau de** signifie à la hauteur de, à la portée de.	☐	☐
135. Il n'existe pas de verbe **s'objecter** en français.	☐	☐
136. **S'obstiner** signifie s'entêter.	☐	☐

	Vrai	Faux
137. Les lettres liées **Œ** se prononcent habituellement « **é** » (œdème, œsophage, etc.).	☐	☐
138. **Opérer** signifie gérer, exploiter, diriger.	☐	☐
139. **Opportunité** signifie chance.	☐	☐
140. L'**ordonnance** est l'écrit qui contient les prescriptions du médecin.	☐	☐
141. Un **pamphlet** est un dépliant publicitaire.	☐	☐
142. La **parqueterie** est la pose et la fabrication des parquets.	☐	☐
143. **Faire partie de** et **tirer parti de** sont bien orthographiés.	☐	☐
144. L'adjectif **pastel** est toujours invariable.	☐	☐
145. Une **patère** est un crochet fixé au mur.	☐	☐
146. **Patio** se prononce indifféremment « pa-ti-o » ou « pa-si-o ».	☐	☐
147. **Patronage** et **favoritisme** sont synonymes.	☐	☐
148. **Pavage** et **asphaltage** sont synonymes.	☐	☐
149. Des ennuis **pécuniaires** sont des ennuis d'ordre monétaire.	☐	☐
150. Les mots **pécunier** et **pécunière** n'existent pas en français.	☐	☐
151. **Place** désigne un immeuble ou un ensemble d'immeubles commerciaux.	☐	☐
152. Une maison de **plain-pied** n'a qu'un seul niveau d'habitation.	☐	☐
153. **Faire une queue de poisson**, c'est se rabattre brusquement devant un véhicule que l'on double.	☐	☐

	Vrai	Faux
154. **Poule** désigne notamment un type de compétition sportive.	☐	☐
155. **Pressentir** signifie sonder les intentions de quelqu'un.	☐	☐
156. Le mot **priorisation** n'existe pas en français.	☐	☐
157. **Publipostage** désigne un genre de reportage.	☐	☐
158. **Pulvérulent** signifie doté d'une grande puissance.	☐	☐
159. **Quincaillier** et **marguillier** sont bien orthographiés.	☐	☐
160. **Quoique** a le sens de bien que.	☐	☐
161. **Radiocassette** désigne un appareil combinant un récepteur de radio et un lecteur-enregistreur de cassettes.	☐	☐
162. **En rapport avec** signifie au sujet de, à propos de.	☐	☐
163. La **ratine** est une étoffe de laine.	☐	☐
164. **Ravalement** désigne l'opération technique qui consiste à refaire la chaussée des routes.	☐	☐
165. **Se récuser** signifie présenter ses excuses.	☐	☐
166. Le sigle **REER** (Régime enregistré d'épargne-retraite) se prononce « ré-ère ».	☐	☐
167. **Registre, révision** et **rechapage** sont bien orthographiés.	☐	☐
168. **Régulier** veut dire ordinaire.	☐	☐
169. **Résignation** ne veut pas dire démission.	☐	☐

	Vrai	Faux
170. **Retracer** signifie raconter.	☐	☐
171. Vous **n'êtes pas sans savoir** signifie vous savez bel et bien.	☐	☐
172. **Seconder** veut dire aider.	☐	☐
173. **Service** ne prend pas de s dans années de service, centres de service, chefs de service et offres de service.	☐	☐
174. On ne **signale** pas un numéro de téléphone, on le **compose**.	☐	☐
175. **Silhouette, pantalon** et **poubelle** étaient à l'origine des noms propres.	☐	☐
176. **Siphon** désigne une sorte de débouchoir à ventouse.	☐	☐
177. **Socioculturel** s'écrit en un seul mot.	☐	☐
178. **Solde** signifie vente au rabais.	☐	☐
179. **Soumissionner** est un verbe transitif.	☐	☐
180. **Spécial** n'est pas un nom mais bien un adjectif.	☐	☐
181. Le **sphygmomanomètre** est l'appareil qui sert à mesurer la pression d'huile dans les moteurs.	☐	☐
182. **Subit** est le participe passé du verbe subir.	☐	☐
183. **Suite** désigne un bureau.	☐	☐
184. **Supplanter** veut dire évincer, déloger quelqu'un de son poste.	☐	☐
185. Une **tabatière** est une fenêtre de toit.	☐	☐
186. Une **table tournante** est une table utilisée par les adeptes du spiritisme.	☐	☐
187. Le **talon** est la feuille qui accompagne le chèque de paye.	☐	☐

	Vrai	Faux
188. **Tatillon** signifie minutieux à l'extrême.	☐	☐
189. **En termes de** signifie dans le vocabulaire de.	☐	☐
190. **Tête-à-queue** désigne la volte-face d'un véhicule.	☐	☐
191. **Tourbe** et **gazon** sont synonymes.	☐	☐
192. Un **touret** est un dévidoir servant à l'enroulement des câbles.	☐	☐
193. **Trampoline** est masculin.	☐	☐
194. **Transiger** veut dire faire des compromis.	☐	☐
195. **Trouble** et **ennui** sont synonymes.	☐	☐
196. Un **tuba** désigne à la fois un tube respiratoire pour nager et un instrument de musique.	☐	☐
197. **Tuile** désigne une plaquette de terre cuite employée pour couvrir les toits.	☐	☐
198. Il **vaint** est le verbe vaincre à l'indicatif présent.	☐	☐
199. Une personne **velléitaire** ne se décide pas à agir.	☐	☐
200. **Vente-débarras** est une bonne traduction de *garage sale*.	☐	☐
201. **Vente record** fait au pluriel ventes records.	☐	☐
202. **Versatile** est synonyme de talentueux.	☐	☐
203. La **versatilité** n'est pas une qualité mais un défaut.	☐	☐
204. Une esprit **vétilleux** s'attache à des détails.	☐	☐

	Vrai	Faux
205. **Vide-ordures** et **vide-poches** prennent toujours un **s**.	☐	☐
206. La **vivisection** est une technique qui évalue la qualité des semences.	☐	☐
207. Une **voiture de fonction** est un véhicule alloué gratuitement par un employeur à un employé.	☐	☐
208. **Volte-face** est un nom masculin.	☐	☐
209. On appelle **voûte** la chambre forte d'une banque.	☐	☐
210. **Zoo** se prononce « zo » ou « zo-o ».	☐	☐

IV BOÎTE À OUTILS

IV Boîte à outils

On ne cherche pas le synonyme d'un mot dans un guide de conjugaison comme on ne s'attend pas à trouver les règles de grammaire dans un dictionnaire. L'ouvrage de référence qui donne les réponses à tous les types de questions n'existe tout simplement pas. Pour trouver la solution à une difficulté particulière, il faut parfois consulter un ouvrage spécialisé.

Voici donc une liste d'ouvrages parmi les plus courants, regroupés par types, dans l'ordre alphabétique. Ce sont principalement ces ouvrages qui ont servi dans la préparation et la rédaction de ce livre.

Dictionnaires de langue générale

- *Dictionnaire du français plus* (CEC)
- *Dictionnaire québécois d'aujourd'hui* (Le Robert)
- *Le dictionnaire du français* (Hachette)
- *Lexis* (Larousse)
- *Nouveau Petit Robert 1*
- *Petit Larousse illustré*

Grammaires

- *Grammaire du français actuel* (Michel Théoret)
- *Grammaire du français classique et moderne* (Wagner et Pinchon)
- *Grammaire du français contemporain* (Jean Chevalier et autres)
- *Le bon usage* (Maurice Grevisse)
- *Nouvelle grammaire française* (André Goosse, Maurice Grevisse)
- *Précis de grammaire française* (Maurice Grevisse)

Dictionnaires des difficultés de la langue

- *Dictionnaire des difficultés de la langue française* (Adolphe V. Thomas)
- *Dictionnaire des difficultés du français* (Jean-Paul Colin)

- *Dictionnaire d'orthographe et d'expression écrite* (André Jouette)
- *Multidictionnaire des difficultés de la langue française* (Marie-Éva de Villers)
- *Nouveau dictionnaire des difficultés du français moderne* (Joseph Hanse)
- *Pièges et difficultés de la langue française* (Jean Girodet)

Guides de conjugaison

- *Bescherelle 1 : l'art de conjuguer*
- *Le Larousse de la conjugaison*

Dictionnaires d'anglicismes

- *Dictionnaire des anglicismes* (Gilles Colpron)
- *Dictionnaire des difficultés de la langue française au Canada* (Gérard Dagenais)
- *Objectif : 200, deux cents fautes à corriger* (Robert Dubuc)

Dictionnaires des synonymes

- *Dictionnaire des synonymes* (Hachette)
- *Dictionnaire des synonymes* (Larousse)
- *Dictionnaire des synonymes* (Les usuels du Robert)
- *Le grand dictionnaire des synonymes* (Nathan)

Guides de correspondance et de rédaction

- *Correspondance d'affaires* (Brigitte Van Coillie-Tremblay)
- *Guide d'écriture des imprimés administratifs* (Office de la langue française)
- *Guide du rédacteur de l'administration fédérale* (Secrétariat d'État)
- *Le français au bureau* (Office de la langue française)
- *Le français, langue des affaires* (A. Clas, P. Horguelin)
- *Rédaction technique et administrative* (Hélène Cajolet-Laganière)

Dictionnaires bilingues

- *Dictionnaires français-anglais, anglais-français* (Robert et Collins)
- *Harrap's Shorter French and English Dictionary* (Harrap)

Autres ouvrages utiles

- *Dictionnaire des canadianismes* (Gaston Dulong)
- *Dictionnaire des particularités de l'usage* (Jean Darbelnet)
- *Dictionnaire des petites ignorances de la langue française au Canada* (Camille-H. Maillot)
- *Grammaire typographique* (Aurel Ramat)
- *Le français au bureau : cahier d'exercices et corrigé* (Office de la langue française)
- *Le français quotidien* (Cahiers de l'Office de la langue française)
- *Répertoire des gentilés du Québec* (Commission de toponymie du Québec)

Ouvrages techniques

Pour répondre aux besoins terminologiques spécialisés, l'Office de la langue française a publié de nombreux lexiques et vocabulaires dans les domaines qui touchent un nombre imposant de travailleurs et de travailleuses : l'informatique, le bâtiment, les loisirs, l'automobile, l'alimentation, la gestion, les assurances, la robinetterie, l'immobilier, les richesses naturelles, etc.

Le contenu de ces publications a été versé à la Banque de terminologie du Québec, banque à laquelle il est possible de s'abonner. Pour obtenir la liste des publications de l'Office de la langue française ou des renseignements sur la BTQ, il suffit de s'adresser au bureau de l'Office de sa région.

V POST-TEST

V Post-test

A. Indiquez si les énoncés qui suivent sont vrais ou faux.

	Vrai	Faux
1. **Carte professionnelle** est un bon équivalent français de l'expression anglaise *business card.*	☐	☐
2. On écrit normalement le **code postal** sur la même ligne que le nom de la ville et de la province.	☐	☐
3. Il est fautif d'indiquer la date de la façon suivante : Mercredi, le 10 mai 1996.	☐	☐
4. L'abréviation de **deuxième** est **2ᵉ**.	☐	☐
5. **Recevez, Monsieur, l'expression de mes salutations distinguées** est une formule de salutation acceptable en français.	☐	☐
6. Les abréviations **hr, hrs, hre, A.M.** et **P.M.** ne sont pas françaises.	☐	☐
7. Les abréviations de **premier** et de **première** sont **1ᵉʳ** et **1ʳᵉ**.	☐	☐
8. Le **procès-verbal** a un caractère moins officiel que le **compte rendu**.	☐	☐
9. Dans une lettre, les mentions **Références** et **Objet** sont interchangeables.	☐	☐
10. **Re, Sujet** et **Concerne** sont à éviter dans la correspondance française.	☐	☐

B. Inscrivez la lettre qui correspond à la bonne réponse.

1. _____ frais supplémentaires ne vous _____ .

a) Aucun   a) seront facturés
b) Aucuns   b) sera facturé

2. J'ai constaté que ses manières _____ .

a) avaient l'air déplacé
b) avaient l'air déplacées

3. L'avenue _____ longe la _____ .

a) Fernand Séguin   a) rivière aux Feuilles
b) Fernand-Séguin   b) Rivière aux Feuilles

4. Cet immeuble d'habitation compte _____ trente étages.

a) quelque
b) quelques

5. La nomination _____ est assurée.

a) d'Étienne et d'Henri
b) de Étienne et de Henri

6. _____ les relationnistes qui _____ à ce nouveau mode de scrutin.

a) C'est   a) se sont opposé
b) Ce sont   b) se sont opposés

7. La plupart des contribuables _____ _____ pour une modification de zonage.

a) de les Escoumins   a) a voté
b) des Escoumins   b) ont voté

8. _____ à cette journaliste, envoyez-lui le plus de renseignements _____ .

a) Quant   a) possibles
b) Quand   b) possible

9. Je ne _____ ai pas parlé de _____ récents déboires.

a) leurs
b) leur

a) leurs
b) leur

10. Vous pouvez commander _____ des produits en vrac _____ des marchandises en paquets tous les _____.

a) soit
b) soient

a) soit
b) soient

a) lundi
b) lundis

11. Pour _____, il faudra _____ de ces habitudes polluantes.

a) se faire
b) ce faire

a) se débarrasser
b) ce débarrasser

12. Vous trouverez _____ copie de la réponse de la présidente-directrice générale.

a) ci-joint
b) ci-jointe

13. Les bleuets _____ cher cette année.

a) se sont vendus
b) se sont vendu

14. _____ les élèves _____ seront récompensés.

a) Seuls
b) Seul

a) , qui obtiendront de bons résultats,
b) qui obtiendront de bons résultats

15. Ce chandail n'a pas de _____ ; cette chaise n'a plus de _____.

a) manches
b) manche

a) dossiers
b) dossier

C. Corrigez les impropriétés.

1. *Mettre* une liste *à date.* _____

2. Consulter un *aviseur légal.* _____

3. Être *en charge de* la commercialisation. _____

4. Gagner 500 $ *clair* par semaine. _____

5. Être *éligible* à un concours. _____

6. *Extensionner* la période d'inscription. _____

7. Organiser une *levée de fonds*. _____

8. Assister à l'assemblée *régulière* du conseil. _____

9. *Seconder* une proposition. _____

10. *Se rapporter* au directeur. _____

D. Quel est l'équivalent français de :

1. *semi-detached house*? _____

2. *separation pay*? _____

3. *Styrofoam*? _____

4. *tuxedo*? _____

5. *veneer*? _____

E. Mettez au pluriel les mots suivants :

1. chef de service _____

2. coupe-froid _____

3. expert-conseil _____

4. fin de semaine _____

5. soirée d'information _____

F. Vérifiez votre vocabulaire.

	Vrai	Faux
1. **Anticiper**, c'est faire quelque chose avant le temps prévu.	☐	☐
2. Une **brocheuse** est un article de bureau.	☐	☐
3. **Clinique** a le sens de collecte.	☐	☐

	Vrai	Faux
4. L'**ordonnance** est l'écrit que vous présentez au pharmacien.	☐	☐
5. Les adjectifs **pécunier** et **pécunière** n'existent pas en français.	☐	☐
6. **Place** désigne un ou des immeubles.	☐	☐
7. **Faire une queue de poisson** signifie annuler un rendez-vous à la dernière minute.	☐	☐
8. **Solder** signifie vendre au rabais.	☐	☐
9. **Spécial** n'est pas un adjectif mais un nom.	☐	☐
10. La **versatilité** n'est pas une qualité mais un défaut.	☐	☐

VI CORRIGÉ

VI CORRIGÉ

I PRÉTEST

A. Indiquez si les énoncés qui suivent sont vrais ou faux.

1. V 2. V 3. F 4. V 5. V 6. F 7. V 8. F 9. V 10. V

B. Inscrivez la lettre qui correspond à la bonne réponse.

1. b, b		6. b, a
2. a, b		7. b, a
3. b, b, b		8. a, a
4. a		9. a, a
5. a, b		10. b, a

C. Corrigez les impropriétés suivantes.

1. candidature, demande d'emploi
2. en souffrance, en retard
3. formules
4. Fixer, Prévoir
5. Demander

D. Quel est l'équivalent français de... ?

1. épuisement ou surmenage professionnel
2. annuler, décommander, résilier, abroger, contremander
3. carton-plâtre, panneau ou plaque de plâtre
4. interphone
5. arriéré, échu, en retard, en souffrance

E. Mettez au pluriel les mots suivants.

1. comptes rendus 2. mètres cubes 3. offres de service 4. personnes-ressources
5. sans-emploi

F. Vérifiez votre vocabulaire.

1. V   2. V   3. F   4. F   5. V

III À VOS MARQUES

1. Quelque deux cents mots ou expressions à corriger.

1. Prix d'entrée, Entrée
2. DÉFENSE D'ENTRER !
3. a le sens des affaires
4. ouverture
5. ordre du jour
6. dynamiques, persuasifs, combatifs, énergiques
7. faire ou interjeter appel
8. est propriétaire de, possède
9. demande d'emploi, candidature

237

10. à l'essai, en consignation, sous condition
11. pressenti, parlé au
12. seulement
13. conseiller ou conseillère juridique, avocat-conseil ou avocate-conseil
14. a) pelle rétrocaveuse, b) chargeuse-pelleteuse
15. en souffrance, en retard
16. reste
17. reste
18. solde (n. masc. sing.)
19. avantages sociaux
20. formules
21. immeuble d'habitation ou d'appartements, immeuble résidentiel
22. pauses, pauses(-)café
23. rupture, violation
24. battu, éclipsé, fracassé
25. siège social
26. annulations
27. Annulez
28. nombre de cas ou de malades, volume de cas
29. calendrier
30. Fixez, Prévoyez
31. chèques-cadeaux, bons-cadeaux, coupons-cadeaux
32. bureau
33. encaissent, touchent
34. demandé
35. supplément de prix
36. responsable
37. Portez, Facturez
38. net
39. de bureau
40. erreur ou faute d'écriture, de frappe ou de copiste ; erreur ou faute matérielle
41. collecte
42. Recouvrez
43. sociétés de crédit, de prêts ou de financement
44. terminera
45. achèvement, fin, parachèvement
46. dépouillement du scrutin
47. comptes fournisseurs ou créditeurs
48. comptes clients ou débiteurs

49. s'est avoué vaincu, s'est reconnu battu
50. a confiance, a bon espoir, est persuadée, ne doute pas
51. relations
52. Sous aucun prétexte, À aucun prix, Pour rien au monde
53. a) entrepreneurs ou entrepreneuses, b) sous-traitants ou sous-traitantes
54. maîtriser, avoir... en main
55. gracieuseté, hommage ; offert par
56. enlèvement des ordures ménagères
57. Mettez à jour ; Actualisez cette liste
58. à maintenant, à présent, ici
59. en moins de, d'ici (à)
60. assurément, nettement, sans doute
61. rétrogradation, déclassement
62. Selon les
63. cautionnement
64. de service
65. locales, nationales
66. Grâce à
67. en vigueur
68. faire de commentaires, préciser sa pensée, fournir de détails sur, commenter le...
69. admissibles
70. Mettez l'accent, Insistez
71. travaillent à ou travaillent pour
72. engagées
73. recommandée
74. inscrire
75. décousu, incohérent, inégal
76. interligne
77. bureaux, locaux
78. timbres, timbres (de) caoutchouc
79. bureaux ministres, bureaux de direction, bureaux à deux caissons
80. de direction, administrative
81. pièces à l'appui ou à conviction
82. poste
83. prolongation
84. prolongée
85. installations, locaux, services, équipement
86. prévois, pense
87. estimé, prévu, calculé
88. installation ou canalisation électrique

89. Contrefaire
90. directeur
91. directeur commercial, chef des ventes
92. diplômé
93. irrecevable, antiréglementaire, non recevable
94. avais l'impression
95. entamé, entrepris
96. stock
97. articles
98. questions, points, sujets
99. adhéré au, s'est jointe au
100. faire
101. juridique
102. judiciaires
103. campagne de financement, souscription
104. courant
105. exprès
106. poste
107. interjettera appel, en appellera
108. présenter, déposer
109. d'occasion
110. sa présence nous manque
111. guide d'entretien
112. à échéance, deviendra exigible
113. de mon mieux
114. effectif, nombre de membres
115. Malgré cela, Même là
116. registre des procès-verbaux
117. fera, dressera ou rédigera le procès-verbal
118. pécuniaires, d'argent
119. de
120. démission
121. s'oppose
122. en activité, exploitée
123. en service, fonctionne
124. exploitation
125. Exploiter, Tenir
126. occasion
127. règle
128. état
129. possibilités ou perspectives d'emploi, débouchés
130. manipulé, truqué
131. pour
132. sur

133. s'établir, se lancer, s'installer, travailler
134. fonder, ouvrir
135. en souffrance, en retard, échu
136. voter, adopter
137. préparer ou ouvrir la voie, préparer le terrain
138. indemnité de départ, de cessation d'emploi, de licenciement ou de fin de service
139. contribuables
140. indemnité quotidienne ou forfaitaire, indemnité forfaitaire quotidienne
141. établissement
142. Téléphonez, Faites un appel
143. régime
144. étage
145. programme à frais partagés
146. régime de retraite
147. compensera vos pertes
148. d'entraînement, d'exercice(s)
149. Pratiquement, À vrai dire, En pratique
150. intentera un procès ou une action en justice, poursuivra
151. procéderont au scrutin, voteront
152. préalable
153. mets en doute, m'interroge sur
154. Concernant, Au sujet de, À propos de, Relativement à
155. signalé
156. 1er sens : relèvera du, 2e sens : se présentera
157. En réponse à, Pour faire suite à, Comme suite à
158. dirigé vers, adressé à, envoyé voir
159. recommandation
160. Soumettez, Confiez
161. s'annoncent
162. ordinaire
163. transféré
164. faire face à, respecter
165. cassé, infirmé
166. démarches
167. publicité mensongère ou trompeuse, déclaration mensongère
168. demandes d'achat, bons de magasin

169. abouti à, se sont soldés par, se sont terminés par
170. rappelé Paul
171. Économiser, Épargner
172. gagner, économiser
173. appuyé
174. ancienneté
175. peine, condamnation
176. sentence ou condamnation avec sursis
177. départ, cessation d'emploi, licenciement
178. équipe
179. par équipes, par postes, par roulement
180. siègent à, sont membres de, font partie de
181. Composez
182. rabais, réduction, prix de faveur
183. menu, plat
184. extraordinaire
185. rabais, réductions, soldes
186. état civil ou matrimonial, situation de famille
187. bureau
188. aide, appui, secours, soutien
189. appuiera
190. censées
191. En
192. Assurez-vous
193. Pendant les heures de travail
194. chaînes stéréo ou stéréophoniques
195. moquette
196. droits de mutation
197. détails techniques, formalités, points de détail
198. présence
199. des heures
200. mandat
201. mutée
202. se négocient
203. ferons affaire, ferons des affaires, traiterons
204. mal, peine
205. difficultés, ennuis
206. convaincu, gagné à l'idée
207. braderie, vente bric-à-brac, vente-débarras
208. soldes, liquidations
209. polyvalent
210. polyvalentes
211. chambre forte

2. Mesurez vos connaissances.

A. Trouvez l'équivalent français.

1. studio
2. chambre forte
3. 1er sens : formule de chèque, 2e sens : chèque en blanc
4. supplantation
5. épuisement ou surmenage professionnel
6. jour civil
7. annuler, invalider, résilier, décommander, contremander
8. abri d'auto, abri-garage
9. copropriété, immeuble, appartement ou bureau en copropriété
10. téléconférence, conférence téléphonique
11. régulateur (automatique) de vitesse
12. personne à charge
13. virement automatique
14. camion-benne, camion à benne
15. membre d'office ou de droit
16. poste
17. 1er sens : télécopie, 2e sens : télécopieur
18. avantages sociaux
19. poste d'essence
20. matériel
21. déclaration de revenus ou d'impôt(s) sur le revenu, déclaration fiscale
22. interphone
23. mise en portefeuille
24. survêtement
25. cabinet d'avocats, cabinet juridique
26. chargeuse
27. interurbain, appel interurbain
28. publipostage

29. 1ᵉʳ sens : note personnelle ou mémo, 2ᵉ sens : note de service
30. surmultiplicateur
31. heures supplémentaires
32. stimulateur cardiaque
33. arriéré, échu, en retard, en souffrance
34. caisse ou régime de retraite
35. indemnité quotidienne ou forfaitaire, indemnité forfaitaire quotidienne
36. horodateur, horloge de pointage, horloge pointeuse, totalisateur
37. radeau
38. liste, tableau, horaire, calendrier, programme
39. jumelé, maison jumelée
40. semi-remorque
41. ingénieur supérieur ou ingénieure supérieure,

ingénieur confirmé ou ingénieure confirmée,
ingénieur principal ou ingénieure principale
42. indemnité de départ, de cessation d'emploi, de licenciement ou de fin de service
43. emploi ou travail secondaire, travail (au) noir, double emploi, à-côté
44. logiciel
45. survêtement
46. camion-citerne
47. smoking
48. placage
49. pièce justificative ou comptable, justificatif, bon
50. baignoire à remous ou d'hydromassage

B. Donnez le pluriel.

1. à-côtés
2. aide-mémoire
3. amuse-gueule
4. assurances(-)salaires
5. cadeaux(-)souvenirs
6. centres-villes
7. chefs de service
8. clientèles cibles
9. comptes clients
10. comptes fournisseurs
11. comptes rendus
12. contre-fenêtres
13. coupe-froid
14. Cris
15. déjeuners-causeries
16. en-têtes
17. experts-conseils
18. expositions solo
19. fins de semaine
20. fourre-tout
21. gardes-chasse ou gardes-chasses
22. heures-personnes
23. Inuits
24. jurys
25. laissez-passer
26. médias
27. mètres cubes
28. Micmacs
29. offres d'emploi
30. offres de service
31. on-dit
32. ouï-dire
33. panneaux(-)réclames
34. papiers-mouchoirs
35. passe-droits
36. personnes-ressources
37. plans d'action
38. plus-values
39. points de service
40. portes-fenêtres
41. postes(-)clés
42. prêts-à-porter
43. produits vedettes
44. projets(-)pilotes
45. sans-emploi
46. soirées d'information
47. soldes débiteurs
48. stations-service
49. tiroirs-caisses
50. trop-perçus

C. Mettez au féminin.

1. acheteuse
2. agente immobilière
3. arpenteuse-géomètre
4. assureure-vie
5. auteure
6. briqueteuse-maçonne
7. chargée de projet
8. chef
9. chirurgienne
10. chroniqueuse
11. commis
12. conductrice
13. courtière
14. demandeuse (langue générale), demanderesse (langue juridique)
15. directrice adjointe
16. docteure
17. employeuse
18. enquêteuse
19. entrepreneuse
20. estimatrice
21. évaluatrice
22. experte-comptable
23. factrice
24. graveuse
25. imprimeuse
26. industrielle
27. ingénieure
28. mairesse
29. marguillière
30. médecin
31. orienteuse
32. préfète
33. première ministre
34. procureure
35. professeure
36. répartitrice
37. réviseuse ou réviseure
38. sauveteuse
39. secrétaire-trésorière
40. substitut

D. Inscrivez la lettre qui correspond à la bonne réponse.

1. b
2. a
3. b
4. a
5. a
6. b
7. b
8. a
9. a ou b
10. a, a
11. b
12. b
13. a ou b
14. a ou b
15. a ou b
16. a ou b
17. b
18. a ou b
19. b
20. a
21. b, a, b
22. a
23. b
24. a
25. a, a
26. b, b
27. b, b
28. b, a
29. a ou b
30. a, a, b

E. Faites l'accord des participes passés.

1. ... conjugués avec avoir
   a) gardé, racontées
   b) subies, disparu
   c) eu, abîmé, détruites
   d) reçu
   e) cru
   f) consultés, suggérées
   g) échangés, suivi
   h) lu, comprise
   i) parlé, coûté
   j) faites, servi

2. ... conjugués avec être

a) traités
b) envoyés
c) consultés
d) expédiées
e) accueillie
f) exclue
g) communiqués
h) licenciés
i) informés
j) reçus

3. ... des verbes pronominaux

a) ravisées
b) attendus
c) assuré
d) blessées
e) attribué
f) méfiés
g) déroulés
h) plaints
i) manifestées
j) adressées

4. ... suivis d'un infinitif

a) voulu
b) vu
c) fait
d) sentie
e) laissé
f) vus
g) fait
h) entendues
i) pensé
j) envoyé

F. Complétez les phrases...

1. apporter, emmener
2. porter
3. mené
4. Ce sont ou C'est
5. C'est
6. Ce sont ou C'est
7. C'est
8. ci-joint
9. ci-inclus ou ci-incluse
10. ci-annexés
11. Ci-joint
12. dû
13. dût
14. dû
15. dues
16. dû
17. dut
18. dû
19. du, du
20. leur, leur
21. leur, leur, leurs
22. aux leurs, leurs
23. Résidant
24. convaincants
25. précédant
26. provocants, provoquant
27. fatigant
28. possibles
29. possible
30. Quelques
31. Quelles qu'
32. quelque
33. Quelque
34. quelques, quelque, mille
35. Quelles qu'
36. Quelque
37. soumettre
38. en référer à
39. envoyé voir le
40. vous référer à
41. Comme
42. telles que
43. telles
44. telle que
45. telle
46. tous
47. toutes, toute autre
48. tout
49. toutes, tout
50. toute, tout autre

G. Ponctuez les phrases, s'il y a lieu, à l'aide de la virgule.

a) La rencontre des directeurs d'école précédera celle des directeurs d'hôpital et aura lieu le mardi 10 décembre 1994.

b) Il a affirmé que la réduction du déficit et de la dette nationale constituait le problème fondamental auquel devaient s'attaquer tout homme et toute femme politiques.

c) Les compressions budgétaires, la réduction des effectifs et la réorganisation des horaires de travail suscitent de vives inquiétudes au sein du personnel.

d) Lors de la collation des grades, le recteur a prononcé un discours élogieux à l'endroit des jeunes.

e) Depuis cinq ans se tient au mois de mars la Semaine du français.

f) En premier lieu, occupez-vous des commandes en retard et vérifiez toutes les factures.

g) En second lieu, occupez-vous de la relance de nos clients et, ce point est primordial, procédez à la mise à jour et à l'évaluation de toute notre documentation technique.

h) Les réalisations de votre équipe de travail sont remarquables, et nous tenions à le souligner de façon officielle.

i) Elle ne viendra pas à cette réunion, car elle sera déjà partie en mission à l'étranger, m'a-t-on dit.

j) Les invités arriveront vers 19 heures; les cadres et le président, à 21 heures.

3. Comment appelle-t-on?

Dans les cas où un ou plusieurs termes corrects désignent l'objet illustré, nous les donnons entre parenthèses.

1. agenda	17. clé à cliquet
2. agrafes	18. clé à fourche (clé à fourches)
3. agrafeuse	19. clé à molette
4. armoire à papeterie	20. clé en croix
5. attache	21. clé hexagonale
6. baladeuse	22. cloison amovible (cloisonnette)
7. bétonnière	23. collier
8. bloc-notes	24. correcteur liquide
9. boîte-classeur (boîte de classement)	25. débouchoir à ventouse (ventouse)
10. boulon à ailettes	26. dégrafeuse
11. camion-benne (camion à benne)	27. dévidoir de ruban adhésif
12. carnet	28. diable
13. chargeuse-pelleteuse	29. disjoncteur
14. chariot élévateur	30. douille
15. classeur	31. ébrancheur
16. classeur mobile (chariot de classement)	32. élingue
	33. fichier rotatif

34. foret
35. goupille fendue
36. gyrophare
37. horodateur (horloge de pointage)
38. imprimante à cartes
39. interrupteur
40. jante
41. mallette
42. manille
43. massicot
44. niveleuse
45. palan
46. patère
47. pêne
48. perceuse
49. perforatrice (perforateur, emporte-pièce)
50. pince-notes
51. pioche
52. piton (boulon à œil fermé)
53. ponceuse
54. porte-documents
55. portemanteau
56. porte-mine
57. porte-timbres
58. prise de courant
59. registre de comptabilité (registre comptable)
60. reliure à anneaux (classeur à anneaux)
61. reliure à glissière
62. reliure à pince
63. reliure à ressort
64. reliure spirale
65. remorque
66. remorque
67. scie à chaîne
68. scie circulaire
69. sébile (sébile de bureau)
70. semi-remorque
71. serre-joint
72. serre-livres
73. taille-crayon
74. tampon encreur
75. timbre caoutchouc (timbre de caoutchouc, timbre)
76. timbre dateur
77. tourne-billes
78. tracteur routier
79. trombones
80. vestiaire de bureau

4. Vérifiez votre vocabulaire.

Les chiffres ci-dessous renvoient aux énoncés qui sont faux.

5, 11, 13, 15, 19, 20, 23, 27, 30, 34, 35, 43, 44, 45, 47, 52, 55, 65, 67, 71, 72, 75, 77, 78, 79, 81, 84, 87, 90, 93, 94, 95, 99, 101, 102, 104, 106, 110, 111, 112, 125, 127, 129, 132, 138, 139, 141, 147, 148, 149, 151, 157, 158, 162, 164, 165, 168, 176, 181, 182, 183, 187, 191, 195, 198, 202, 206, 208, 209

POST-TEST

A. Indiquez si les énoncés qui suivent sont vrais ou faux.

1. V 2. V 3. V 4. V 5. F 6. V 7. V 8. F 9. F 10. V

B. Inscrivez la lettre qui correspond à la bonne réponse.

1. b, a
2. b
3. b, a
4. a
5. a
6. a ou b, b
7. b, b
8. a, b
9. b, a
10. a, a, b
11. b, a
12. a
13. a
14. a, b
15. a, b

C. Corrigez les impropriétés.

1. Mettre à jour; Actualiser une liste
2. conseiller juridique, avocat-conseil
3. responsable
4. net
5. admissible
6. Prolonger
7. campagne de financement, souscription
8. ordinaire
9. Appuyer
10. 1er sens : Se présenter, 2e sens : Relever du

D. Quel est l'équivalent français de... ?

1. jumelé, maison jumelée
2. indemnité de départ, de cessation d'emploi, de licenciement
3. mousse de polystyrène
4. smoking
5. placage

E. Mettez au pluriel les mots suivants.

1. chefs de service 2. coupe-froid 3. experts-conseils 4. fins de semaine
5. soirées d'information

F. Vérifiez votre vocabulaire.

1. V		6. F	
2. F		7. F	
3. F		8. V	
4. V		9. V	
5. V		10. V	

VII INDEX

- L'index renvoie presque exclusivement au contenu du chapitre II, **À propos de...**
  Dans cet index, l'italique sert à marquer les formes fautives ou non françaises ainsi que les mots ou expressions dont le sens est impropre.

INDEX